Regina und Sabrina Wiedemann

Wir
vom Jahrgang
1994

Kindheit und Jugend

Impressum

Bildnachweis:

Umschlag: Privatarchiv Bittner (oben); Privatarchiv Wiedemann (unten); Privatarchiv Eberlein (hinten).

Innenteil: Privatarchiv Wiedemann: S. 4, 6, 7 u., 9 u., 13, 15, 21 o., 25, 27 u., 40, 42, 43 o., 45 o., 49, 50 u., 51, 52 o., 54, 55, 58 o., 59, 60, 61, 62, 63; Privatarchiv Seigis: S. 5, 19 o., 20, 22 r., 29, 34 r., 35 u., 41, 45 u.; Privatarchiv Eberlein: S. 7 o., 17 l., 22 l., 23, 31, 34 l.; picture-alliance/dpa/Karl-Josef Hildenbrand: S. 8 l., picture-alliance/dpa/Paul Buck: S. 8 r., picture-alliance/ZB/Matthias Hiekel: S. 18 u., picture-alliance/dpa/Heiko Wolfraum: S. 32 o., picture-alliance/dpa/Rainer Jensen: S. 39, picture-alliance/dpa/Michael Kappeler: S. 44, picture-alliance/dpa/Steffen Kugler: S. 47, picture-alliance/CTK/Tomas Turek: S. 53, picture-alliance/dpa/Joerg Carstensen: S. 57; Privatarchiv Westphal: S. 9 o., 11 o., 17 r., 35 o., 38, 46; Privatarchiv Bartelt-Mercader: S. 10, 12, 43 u.; Privatarchiv Aufderlandwehr: S. 11 u., 19 u., 36; Privatarchiv Becker: S. 16, 18 o., 30, 48, 50 o., 56 u., 58 u. r.; ullstein bild – Uselmann: S. 21 u.; Privatarchiv Bittner: S. 26, 32 u., 33; Privatarchiv Neitzel: S. 27 o., 52 u.; Privatarchiv Kleemann: S. 56 o., 58 u. l.

Wir danken allen Lizenzträgern für die freundliche Abdruckgenehmigung.
In Fällen, in denen es nicht gelang, Rechtsinhaber an Abbildungen zu ermitteln, bleiben Honoraransprüche gewahrt.

7. Auflage 2024
Alle Rechte vorbehalten, auch die des auszugsweisen Nachdrucks und der fotomechanischen Wiedergabe.
Gestaltung und Satz: r2 | Ravenstein, Verden
Druck: Druck- und Verlagshaus Thiele & Schwarz GmbH, Kassel
Buchbinderische Verarbeitung: Buchbinderei S. R. Büge, Celle
© Wartberg-Verlag GmbH
34281 Gudensberg-Gleichen • Im Wiesental 1
Telefon: 056 03/9 30 50 • www.wartberg-verlag.de
ISBN: 978-3-8313-3094-2

Liebe 1994er!

Wenn wir 94er an unsere Kindheit und Jugend denken, denken wir an unsere ersten Schritte, die Geburt unserer Geschwister, bunte Karnevalsfeiern, unser erstes Taschengeld, Kinobesuche, Musikstunden, unser erstes Fahrrad, an die nervige Zahnspange, an die erste große Liebe, an unseren Führerschein und Jugendfreizeiten. Doch eigentlich bräuchte jeder von uns eine eigene Definition seiner Kindheit und Jugend.

Wir möchten euch in diesem Buch auf dem Weg in eure individuelle Kinder- und Jugendzeit begleiten und zusammen mit euch alte Erinnerungen wieder aufleben lassen. Denn wir 94er haben auch vieles gemeinsam. Wir spielten in farbenfrohen Regenjacken auf den Spielplätzen unserer Stadt, sahen uns die Tiere im Zoo an, genossen das Eis im Sommer, tanzten zu Hits „Am Ende der Sonne", „I Believe" und „Boulevard of Broken Dreams", trauerten bei den Anschlägen am 11.09.2001 mit der ganzen Welt, erlebten Angela Merkel als erste deutsche Bundeskanzlerin, verfolgten gebannt die Wahl von Obama in den USA, lasen dieselben Zeitschriften und spielten unseren Lehrern auf den Klassenfahrten ähnliche Streiche. Das Besondere an unserem Jahrgang ist nicht nur der kalifornische Wein, oder dass Deutschland sich bei der Fußball-WM in den USA ins Viertelfinale schoss, sondern vor allem, dass wir geboren wurden. Es war und ist unsere Zeit und wir freuen uns, euch auf dem Weg in die Vergangenheit begleiten zu dürfen.

R. Wiedema   *S. Wiedemann*

Regina und Sabrina Wiedemann

Born to be wild

Mit uns 94ern kam die Sonne.

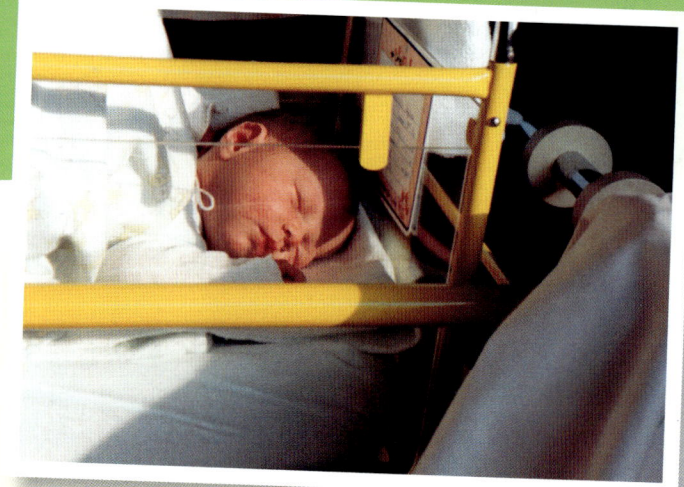

Dabei sein ist alles

Genau das dachten wir uns auch, als wir 1994 – meist im Krankenhaus oder in einem der ersten Geburtshäuser – das Licht der Welt erblickten, und tatsächlich freuten sich eine Menge Leute, uns zu sehen. Wir waren wie ein Buch, was gebunden und eingeschlagen werden musste. Doch, wie sollte der Titel unseres Buches lauten? Wie sollte der Einband gestaltet werden und was sollte der Inhalt sein? Um unseren Eltern einige dieser vielen Fragen abzunehmen, beschlossen wir es selbst in die Hand zu nehmen. Da waren nächtliches

Chronik

8. April 1994
Kurt Cobain (geboren 1967), Leadsänger der Gruppe „Nirvana", begeht in Seattle Selbstmord.

26. April 1994
In Südafrika finden die ersten freien Wahlen statt. Nelson Mandela wird am 9. Mai zum ersten schwarzen Präsidenten bestimmt.

23. Mai 1994
Roman Herzog wird zum Bundespräsidenten gewählt.

10. Juli 1994
Bill Clinton versichert bei einem Besuch in der Bundesrepublik: „Amerika steht an Ihrer Seite – jetzt und für immer."

13. November 1994
Michael Schumacher gewinnt als erster Deutscher in Adelaide/Australien die Weltmeisterschaft der Formel 1.

7. – 9. Mai 1995
Der 50. Jahrestag des Endes des 2. Weltkriegs wird gefeiert.

23. Juni 1995
Verpackungskünstler Christo verhüllt den Reichstag.

8. Juli 1995
Steffi Graf gewinnt zum 6. Mal das Tennisturnier von Wimbledon.

21. November 1995
Das Dayton-Abkommen beendet den Krieg in Bosnien.

16. Dezember 1995
Die zukünftige europäische Währungseinheit erhält den Namen „Euro".

22. Mai 1996
Nelson Mandela bedankt sich bei den deutschen Soldaten, die Südafrika im Kampf gegen das Apartheidregime unterstützt haben.

30. Juni 1996
Die deutsche Fußball-Nationalelf wird Europameister.

3. November 1996
Das Ladenschlussgesetz wird gelockert: Geschäfte dürfen fortan länger öffnen und Bäcker auch sonntags frische Brötchen verkaufen.

Na, wen haben wir denn da?

Geschrei, Herumzappeln auf dem Arm und das Verweigern des Trinkens nur der Anfang. Den Satz „Oh, wie niedlich!" hatte, trotz genügend anderen Gründen in der ersten Zeit unseres Daseins jeder der Verwandten und Freunde in seinem Wortschatz. Dass wir eher eine Arbeitsbeschaffungsmaßnahme waren, war aber wohl nicht allen klar. Unsere Eltern befanden sich zwar schon länger auf einer andauernden Fortbildung, geendet hat sie aber bis heute nicht. Von Innenarchitekten und Dekorateuren wurden sie schnell zu Shopping-Weltmeistern. Bettchen, Wagen, Decken, Strampler, Windeln, Brei, kleine Spielzeuge und Erziehungsratgeber wurden in Rekordzeit gekauft, wichtige Mitmenschen über den Nachwuchs informiert und alle notwendigen Unterlagen für unseren bürokratischen Staat zusammengesucht. Warum alles

so plötzlich sein musste, ist uns bis heute ein Rätsel, sie hatten schließlich neun Monate Zeit gehabt. Außerdem fing der Stress doch erst richtig an, als der erste Schrei alle Trommelfelle zum Beben brachte. Unsere Eltern hatten natürlich Eltern-Vorbereitungskurse besucht, die Erziehungsratgeber sorgfältig studiert, doch als es dann an die Praxis ging, wurden viele Vorwarnungen und Maßnahmen erfolgreicher Pädagogen ad acta gelegt. Sie mussten spontan sein, ein Kind funktioniert eben nicht wie eine Maschine, die man einstellen und gegebenenfalls ausstellen kann. Wir ließen es langsam angehen und ließen unsere Bedürfnisse mit unserem Alter wachsen. Allerdings können wir auch nicht leugnen, dass wir schon damals ein gewaltiges Durchsetzungsvermögen hatten, sei es durch atemberaubenden Augenaufschlag oder durch tierisches Gebrüll.

Da lacht das Kinderherz.

Wie doch die Zeit vergeht …

Unser Geburtsjahr war alles in allem ein sehr ereignisreiches Jahr. Deutschland nahm an der Fußball-WM in den USA teil, erreichte jedoch nur das Viertelfinale und erst beim Elfmeterschießen im spannenden Endspiel entschied sich, dass Brasilien Italien doch ein kleines bisschen überlegen war. Zu diesem Zeitpunkt interessierten wir uns allerdings nur für den kleinen Ball im Wohnzimmer, den wir versuchten, mit sämtlichen Körperteilen von A nach B zu befördern. Dass wir später, ebenso wie unsere Eltern, gebannt auf den Bildschirm gucken würden, um elf Sportler auf dem Platz anzufeuern, war uns noch nicht bewusst, das hatte noch ein bisschen Zeit. Aber auch politisch war 1994 ein einschneidendes Jahr: Roman Herzog wurde neuer Bundespräsident, die letzten Soldaten der drei Siegermächte verließen am 31. August Deutschland, und die Militärparade der Westalliierten fand zum letzten Mal auf der Straße des 17. Juni statt. Am 15. November wurde Helmut Kohl zum fünften Mal zum Bundeskanzler gewählt, und als erste Frau in der bundesdeutschen Geschichte wurde Jutta Limbach Präsidentin des Karlsruher Bundesverfassungsgerichts. Welche Bedeutung diese Ereignisse für unsere Zukunft haben sollten, war uns nicht bewusst, das sollte uns erst später im Geschichtsunterricht näher erläutert werden.

Dick eingepackt auf dem VIP-Platz.

  Auch musikalisch hatte unser Jahr viel zu bieten: Marusha erreichte mit „Somewhere over the Rainbow" die Charts, ebenso wie Vangelis mit „Conquest of Paradise". Von diesen Kult-Liedern bekamen aber nicht nur 1994 sämtliche Leute weltweit Ohrwürmer. Auch deutsche Bands wie „Die Ärzte" oder „Die Prinzen" feierten in unserem Geburtsjahr Erfolgsgeschichte. Die Lieder „Schrei nach Liebe" und „Alles nur geklaut" sollten uns nicht ausschließlich 1994 begleiten, sondern auch noch ein paar Jahre später auf den ersten Klassenfahrten.

Auch unsere Geschwister hatten sich auf uns gefreut.

1. bis 3. Lebensjahr

Zwei von uns: Justin Bieber und Dakota Fanning.

94er Promis

1. Feb.	Harry Styles, britischer Sänger (One Direction)	6. Mai	Nina Siewert, deutsche Schauspielerin als „Bina" in „Ein Fall für B.A.R.Z."
23. Feb.	Dakota Fanning, US-amerikanische Schauspielerin, u. a. Jane in „New Moon – Bis(s) zur Mittagsstunde" und „Eclipse – Bis(s) zum Abendrot"	23. Aug.	Felix Jaehn, deutscher DJ und Musikproduzent
		21. Sept.	Dagi Bee, deutsche YouTuberin für Mode und Kosmetik
1. März	Justin Drew Bieber, umschwärmter kanadischer Pop- und R&B-Sänger	30. Nov.	William Menning, englischer Schauspieler. Bekannteste Rolle: „Nigel" in den „Harry Potter"-Filmen

Geregelter Alltag? – Nein, danke

Obwohl sich unsere vielseitig talentierten Eltern größte Mühe gaben, uns einen geregelten und durchorganisierten Tagesablauf nahezulegen, entschieden wir uns für unseren eigenen kreativ gestalteten Alltag. Ob auf den Lätzchen der richtige Wochentag stand oder nicht, war uns herzlich egal. Wir entwickelten eine Art Sport, so viele verschiedene Lätzchen wie möglich an einem Tag

anhaben zu dürfen. Auch die Mahlzeiten verschoben wir, woher sollten unsere Eltern wissen, dass wir genau um zwölf Uhr Hunger hatten? Und wieso kamen sie auf die Idee, dass ein Mittagsschlaf von zwei Stunden genau das Richtige für uns sei? Oftmals entschieden wir uns dafür, alles ein bisschen durcheinander-zubringen und alle Pläne über den Haufen zu werfen. Aber auch für diese Situationen waren unsere Eltern nach einiger Zeit gewappnet. Sie entwickelten sich zu außerordentlichen Improvisationsgenies und versuchten uns mit allen Regeln der Kunst zum Essen oder zum ruhigen Schlafen zu bewegen. Von Zeit zu Zeit ließen wir uns auf die Experimente ein, beim beruhigenden Spaziergang schlummerten wir friedlich an der frischen Luft in unseren Kinderwägen oder ließen uns durch gutes Zureden zur Essensaufnahme überreden. Fasziniert von unserer Umwelt, die wir leider oft nur aus der liegenden Perspektive betrachten konnten, blickten wir Freunde unserer Eltern und unsere Verwandten, die immer wieder betonten, wie niedlich wir doch seien, mit großen Kulleraugen an.

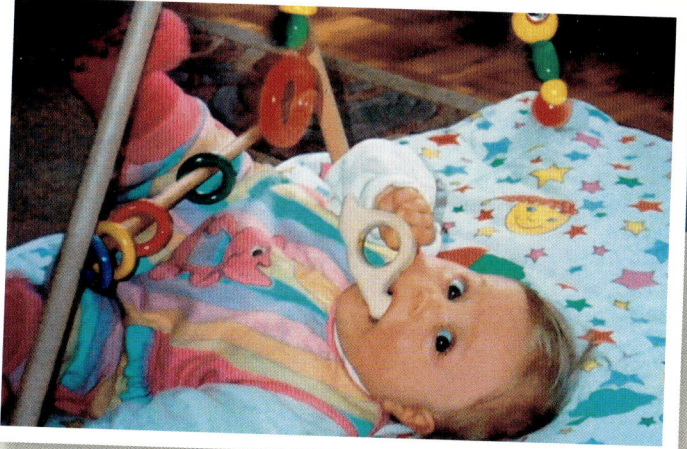

Hmmmmm lecker!

1. bis 3. Lebensjahr

Artig, wie wir waren, versuchten wir uns in diesen Augenblicken besonders gut zu benehmen. Doch auch hier gab es Ausnahmen. Selbstverständlich durften uns Oma und Opa, genauso wie Mama und Papa, auf den Arm nehmen und herumtragen, aber sobald wir das Gefühl bekamen, nur herumgereicht und angestarrt zu werden, mussten wir andere Schritte einleiten, um diesen Prozess zu beenden. Freundlich zu sagen, dass wir lieber wieder in den Laufstall wollten, um uns selbst zu beschäftigen, war uns leider noch nicht vergönnt, aber wir wussten uns durch ein bisschen Geschrei und Gezappel zu helfen.

Ende der Apartheid in Südafrika

Am 11. Februar 1990 wurde der südafrikanische Freiheitskämpfer Nelson Mandela auf Befehl des Präsidenten Frederik de Klerk hin freigelassen. Damit war der Grundstein der Regierung gegen die Apartheid in Südafrika gelegt. Gleichzeitig versprach de Klerk, die Legalisierung der südafrikanischen Opposition durchzusetzen, deren Anhänger als Verbrecher jahrelang verfolgt worden waren. Seit den 50er-Jahren wurde die Politik der „Trennung" von der burischen Nationalpartei konsequent betrieben, Demonstrationen für die Gleichberechtigung der verschiedenen Volksgruppen wurden gewaltsam niedergeschlagen. 1976 bezeichneten die Vereinten Nationen diese Art der Politik als „Verbrechen gegen die Menschlichkeit". Nach de Klerks Ansprache blieben die alten Gesetze zunächst bestehen, erst 1992 sprachen sich zwei Drittel der Weißen für die Aufhebung der „Rassentrennung" aus. Der Durchbruch erfolgte 1994. Es fanden die ersten freien Wahlen statt und Nelson Mandela wurde zum ersten „schwarzen" Präsidenten gewählt, de Klerk wurde Vizepräsident.

Die große weite Welt

Irgendwann musste für uns das Leben als
liegende Lebewesen auch mal ein Ende haben
und so dachten wir uns nach neun bis zehn
Monaten, dass wir auch anders als auf dem Arm
unserer Eltern unser kleines Reich erkunden
konnten. Zuerst versuchten wir uns am Aufstehen
mithilfe der Stäbe unseres Laufstalls. Als das
nicht so recht klappen wollte und wir regelmäßig
auf unseren Hintern fielen, wurden wir wieder

Endlich wieder sitzen.

kreativ. Auf dem Bauch von links nach rechts zu rutschen fiel uns nicht weiter
schwer, deshalb verlagerten wir die Richtung einfach nach vorne oder hinten.
Bald erkannten wir, dass dabei der Untergrund eine besondere Rolle spielte
und das Robben auf den Fliesen viel einfacher war als auf dem Teppich. Dass
die Fliesen für uns angeblich zu kalt waren, störte uns ebenfalls wenig und
auch wenn wir immer wieder auf den Teppich zurück gesetzt wurden, ließen
wir nichts unversucht, um erneut den Weg in die Küche einzuschlagen.
   Natürlich waren wir neugierig, begaben uns regelmäßig auf abenteuerliche
Entdeckungstouren, sahen uns Schubladen auch gerne mal von innen an und
fanden eine Zeitung zum Zerreißen viel spannender als die Rassel im Laufstall.
Hingegen interessierte es uns herzlich wenig, dass Königin Elisabeth II. von Groß-
britannien und Frankreichs Staatspräsident Mitterand gerade den Eurotun-
nel unter dem Ärmelkanal eröffneten oder dass Michael Schumacher
als erster deutscher Rennfahrer Weltmeister in der Formel 1 wurde.
   Unsere Eltern waren in dieser Zeit sehr fit und versuchten uns vor
allem zu bewahren, was uns irgendwie hätte schaden können.
Trotzdem kam es zu kleineren Unfällen, die wir allerdings nach
reichlichem Knuddeln und Trösten durch unsere Eltern wieder
vergaßen. Sie konnten schließlich nicht die Tische unter die
Decke hängen, damit wir unsere Köpfe bei schwierigen Wende-
manövern nicht daran stießen. Besonders viel Spaß hatten wir
auch mit unseren großen Geschwistern, sofern
wir welche hatten, denn die Geburtenziffer in
Deutschland lag in den 90er-Jahren bei
gerade einmal 1,4 Kindern je Frau. Unsere
Geschwister waren auch sehr darauf bedacht,
dass uns nichts passierte. Allerdings schienen

Organisieren konnten wir
unser Leben auch schon gut alleine.

sie sich keine Gedanken darüber zu machen, dass wir es nicht wirklich lustig fanden, wenn sie unser Spielzeug in die Hand nahmen. Wir besaßen zwar noch nicht viel, aber jede Puppe, jeden Baustein, jedes Kuscheltier und jedes kleine Auto verteidigten wir mit aller Kraft.

Schon im zarten Alter von ein bis zwei Jahren kurbelten wir die Industrie ordentlich mit an. Wir sorgten dafür, dass Waschmittel- und Windelhersteller keine Insolvenz anmelden mussten, und schrien immerzu nach Brei. Außerdem hatte Penaten in unserem Geburtsjahrgang extra einen wissenschaftlichen Beirat aus Ärzten und Krankenschwestern gegründet, damit unsere Popos weiterhin samt und seidig blieben, eine Chance, die genutzt werden musste.

Unberührt vom Ärger in aller Welt schlummerten wir jeden Abend friedlich in unserem Bettchen ein, gebettet auf sorgfältig ausgewählten Kissen, umgeben von Unmengen an Stofftieren, die uns noch lange begleiten sollten, aber nicht ahnend, dass noch eine Menge Aufgaben auf uns zukommen sollten.

Mütze auf, Schal um, ab die Post

Unsere Welt erweiterte sich stetig. Schon der Weg zum Bäcker war jedes Mal ein Erlebnis. Dick eingepackt wurden wir sorgsam im wild gemusterten Kinderwagen oder im Maxi Cosi verstaut. Dann ging es los, wie gebannt sahen wir über die Kante unserer Decken hinweg, beobachteten die vielen bunten Autos. Einige, so erklärte man uns, machten komische Geräusche, weil sie zur Polizei, zum Krankenhaus oder zur Feuerwehr fuhren. Wir gaben uns mit den Worten „Da ist wieder ein Tatütata-Auto" zufrieden. Erstens ließ sich „Tatütata" viel besser aussprechen als Feuerwehrauto oder Polizeiwagen und zweitens hatten wir für derartig komplizierte Erklärungen gar keine Zeit, denn selbst unser Kinderwagen war mit vielen kleinen Dingen bestückt, die man anfassen und ablutschen konnte. Ein besonderes Erlebnis war

Zum Lärmen brauchen wir doch kein extra Spielzeug.

auch die Fahrt mit dem Fahrrad. Da wir noch nicht selber in die Pedale treten konnten, wurden wir, professionell mit Helm ausgestattet, in der zweiten Reihe platziert: auf dem Kindersitz, der am Gepäckträger befestigt wurde. Dieser speziell auf unsere Größe angepasste Fahrradsitz entwickelte sich für einige von uns sehr schnell zum Lieblingsplatz, da man den Fahrtwind spüren konnte und dieser uns ein breites Lachen aufs Gesicht zauberte.

Wie, ich soll jetzt geradeaus LAUFEN? – Aber da ist doch ein Buggy!

Andere von uns genossen es aber auch sehr, auf den Schultern von Papa oder Mama durch die Gegend getragen zu werden. Auch dies war für uns sehr komfortabel. Festhalten konnte man sich wunderbar an den Ohren des Tragenden und man war plötzlich viel größer als alle anderen. Schließlich waren wir die Genies von morgen, sodass wir alles genau im Blick haben mussten.

Um unsere Selbstständigkeit schon in frühen Jahren zu unterstützen, schenkten uns unsere Eltern, nachdem wir einigermaßen sicher auf unseren kurzen Beinchen unterwegs waren, ein Dreirad. Wir schlossen unser neues Gefährt sofort in unser kleines Herz, doch nicht nur das Dreirad an sich war eine tolle Sache, nein, viel besser gefiel uns die Metallstange, mit der uns unsere Eltern schieben konnten. So mussten wir nur die Beine hochheben und uns zurücklehnen, wir brauchten ja noch ein bisschen Schonzeit.

Schicksalsjahre einer Prinzessin

15 Jahre lang waren Lady Diana Spencer und der britische Thronfolger Prinz Charles verheiratet gewesen, als sie sich am 28. August 1996 scheiden ließen. Der Grund dafür waren zwar außereheliche Affären auf beiden Seiten, trotzdem sträubte sich die Königin der Herzen bis zum Schluss, die Scheidungspapiere zu unterzeichnen. Die Ehe hatte dem Druck der Medien, unter dem sich Lady Diana seit der Märchenhochzeit 1981 befand, nicht mehr standgehalten. Zurück blieben ihr nur das halbe Sorgerecht für ihre Kinder, William und Harry, sowie ihr Titel „Prinzessin von Wales" und eine Abfindung von umgerechnet etwa 40 Millionen DM. Der Traum vom ewigen Glück war zerplatzt wie eine Seifenblase. Ein Jahr später starb sie bei einem Autounfall in Frankreich.

1997–1999

Raus aus dem Kinderzimmer, rein ins Leben

Jetzt wird der Kindergarten aufgemischt

Nachdem wir zu Hause alles auf den Kopf gestellt hatten, fanden unsere Eltern, es sei an der Zeit, dass wir in den Kindergarten gingen. So verspürten wir neugierige Vorfreude, gepaart mit ängstlicher Aufregung, als uns Mama und Papa erklärten, dass sie uns jetzt jeden Tag in den Kindergarten bringen würden. Doch als wir das erste Mal die Schwelle zu eben jenem Gebäude überschritten, waren die meisten von uns im ersten Moment ganz schön eingeschüchtert. Wir wurden von Erzieherinnen und einem Haufen Kindern in Empfang genommen, die einen größer, die anderen kleiner als wir. Uns wurde eine kleine Garderobe zugewiesen, von der wir uns das Zeichen merken mussten, damit wir unsere Jacke und unser Täschchen später auch wiederfanden. Die Lautstärke in den Räumen überforderte uns zunächst ein wenig, uns

Chronik

26. April 1997
Bundespräsident Roman Herzog hält die berühmte „Berliner Rede", die auch als „Ruck-Rede" bekannt wird. Seine Rede erhält so viel positive Resonanz, dass sie viele politische Nachahmer findet.

Juni 1997
Der erste Roman der „Harry Potter"-Reihe erscheint und zieht viele Leser in seinen Bann.

30. Juni 1997
Die britische Kolonialherrschaft über Hongkong endet.

27. Juli 1997
Jan Ullrich gewinnt als erster Deutscher die Tour de France.

8. Februar 1998
Ein Volksentscheid in Bayern bewirkt, dass der Passus der Todesstrafe aus der bayrischen Landesverfassung gestrichen wird.

3. Juni 1998
ICE-Unglück von Enschede: 101 Menschen sterben, weil der ICE „Wilhelm Conrad Röntgen" entgleist und dadurch eine Straßenbrücke einreißt.

27. September 1998
Nach 16 Jahren als Bundeskanzler muss Helmut Kohl das Amt an Gerhard Schröder abtreten.

23. Mai 1999
Die Bundesrepublik Deutschland feiert das 50-jährige Gründungsjubiläum. Außerdem wird Johannes Rau Nachfolger des Bundespräsidenten Roman Herzog.

3. September 1999
Günther Jauch startet mit seiner Erfolgs-Quiz-Show „Wer wird Millionär?" auf RTL.

1. Januar 1999
Europa bekommt mit der Einführung des Euro eine gemeinsame Währung.

1. Dezember 1999
Nordirland erhält seine Autonomie zurück, nachdem es 27 Jahre unter britischer Herrschaft stand.

31. Dezember 1999
Wladimir Putin wird Präsident von Russland.

Staubsaugen ist keine Frage des Alters.

war noch nicht bewusst, dass wir spätestens nach zwei Tagen ebenso jauchzend und tobend über die kleinen Stühle springen würden wie die anderen Kinder. Der Abschied von Mama und Papa fiel manchen von uns schwer, und auch das Stofftier, was uns nun schon ein paar Jahre lang begleitete, spendete nicht den erwünschten Trost, als sich die Tür hinter unseren Eltern schloss. So fühlten wir uns im ersten Moment alleingelassen, doch dann wurden wir neugierig und nach dem ersten gemeinsamen Lied im

4. bis 6. Lebensjahr

Stuhlkreis ging es uns schon besser. Schließlich fanden wir heraus, dass es keinen besseren Ort gab als den Kindergarten, um mit anderen Kindern drinnen in der Puppen- oder Bauecke zu spielen, an den kleinen Tischchen zu malen oder draußen im Sandkasten die herrlichsten Kuchen zu backen. Wir ließen unserer Kreativität freien Lauf und kletterten das Klettergerüst auch mal rückwärts hoch, ohne zu ahnen, dass wir unsere Kindergärtnerinnen immer an die Grenze eines Herzinfarkts brachten. Auch die Wechselhaftigkeit des Wetters bereitete uns wenig Probleme: Im Winter saß man gemütlich in der Kuschelecke und ließ sich bei Keksen und Kerzenschein Märchen vorlesen, im Frühjahr entdeckten wir im Außenbereich wundervolle Blumen und lustige Insekten und im Sommer entwickelten wir uns zu wahrhaftigen Plansch- und Matschmonstern. Zum Missfallen unserer Eltern brachten wir immer den halben Sandkasten mit nach Hause, sorgsam in unseren Schühchen angesammelt. Unsere soziale Kompetenz wuchs von Tag zu Tag, wir fanden die ersten Freunde und verbrachten auch nach dem Kindergarten noch viel Zeit miteinander.

Das Beste am Geburtstag ist und bleibt der Kuchen.

Topfschlagen oder Schokoladen-Essen

Schon bald erhielten wir lustig bedruckte Einladungskarten zu den Kindergeburtstagen unserer Freunde. Da wir noch nicht lesen konnten, waren diese mit bunten Zeichnungen verziert, sodass wir auch ohne weitere Erklärungen verstanden, dass wieder ein schöner Nachmittag mit Kuchen und Spielen auf dem Programm stand. Unsere Mütter entwickelten sich zu wahren Organisationsgenies, und weil sich unser Terminplan nicht immer mit ihrem deckte, wurden ab und zu auch Oma und Opa eingeschaltet, wenn wir hingebracht und abgeholt werden mussten. Die Kindergeburtstage waren immer ein voller Erfolg. Der Spaß begann mit dem

Auspacken der Geschenke, ging mit Topfschlagen, Schokoladen-Essen, Wasserbombenwerfen und einer kleinen Schatzsuche weiter und endete schließlich mit den Worten: „Und jetzt bekommt ihr alle noch ein Beutelchen mit einer kleinen Überraschung drin." Die entpuppte sich oft als kleine Tüte mit leckeren bunten Bärchen, die wir natürlich sofort aufrissen und vernaschten, sowie einer Kleinigkeit zum Spielen, wie Flummi, Murmel oder Jojo.

Extra fein gemacht für die Geburtstagsfeier.

Und was spielen wir jetzt?

Leibesübungen und Zahnarztbesuche

Damit wir vor lauter Kuchenverzehr und Schokoladenkonsum unsere Gesundheit nicht gefährdeten, gab es außer dem gesunden Essen, wie Obst und Rohkost, auch den regelmäßigen Besuch beim Zahnarzt. Anfangs wurde dieser misstrauisch von uns beäugt und nach der Behandlung waren wir uns zunächst ziemlich sicher, dass das, was er tat, keinesfalls angenehm für uns war, doch als seine nette Sprechstundenhilfe mit dem kleinen Karton kam und uns sagte, dass wir uns eine Kleinigkeit aussuchen dürften, war die Welt schon wieder in Ordnung – oberflächlich jedenfalls, denn im Geheimen waren wir ja keinesfalls bestechlich.

Aber nicht nur der Zahnarzt wurde regelmäßig aufgesucht, für unsere Gesundheit war auch der örtliche Sportverein mit seinen Kinderturnangeboten eine wichtige Institution. Hier wurden wir zu richtigen Sportskanonen. Ob beim Ballspiel, beim Judo, Ballett oder Turnen, wir versuchten stets, das Beste rauszuholen und entwickelten Teamgeist gleichermaßen wie Kampfgeist. Sehr lustig fanden wir es immer, mit unseren Leidensgenossen die eine oder andere Abholszene zu boykottieren, indem wir uns hinter den dicken Turnmatten oder Kästen versteckten. Leider waren auch unsere Eltern mittlerweile

Egal wo es hinging, unser Kuscheltier war immer mit dabei.

erprobt und hatten ihre Suchtechnik verfeinert, sodass sie uns schnell fanden.

Ebenso bereitete uns das wöchentliche Schwimmtraining zunehmend Freude. Anfangs stellten wir zwar fest, dass das Wasser doch recht kalt war, mit der Zeit gewöhnten wir uns aber an den Gedanken, mit den bunten Brettchen, Schwimmnudeln und den allseits bekannten orangefarbenen Schwimmflügelchen ein wenig im kleinen Becken herumzudümpeln. Auch diese Stunden gingen schnell herum und wenn wir aus dem Wasser kamen, frisch abgeduscht und in den Bademantel gewickelt auf einer warmen Bank saßen, fielen uns schon mal die Äuglein zu. Bis heute ist uns nicht so ganz klar, ob das alles von unseren Eltern inszeniert wurde, damit wir abends möglichst rasch einschliefen. Denn wir waren echte Energiebündel.

Die Ära Kohl geht zu Ende

Der CDU-Politiker Helmut Kohl war von 1982 bis 1998 Bundeskanzler der BRD. Dieser Erfolg war vor allem der gemäßigten Einstellung Kohls zu verdanken, der in Richtung der politischen Mitte strebte und eine Koalition mit der FDP befürwortete.

Helmut Kohl, der Einheitskanzler.

Außerdem gilt er als „Vater der Einheit", weil er die deutsche Wiedervereinigung vorantrieb. Er entwarf das „Zehn-Punkte-Programm zur Überwindung der Teilung Deutschlands und Europas", setzte den Staatsvertrag über die Währungs-, Wirtschafts- und Sozialunion fest und sorgte dafür, dass das wiedervereinigte Deutschland in die NATO aufgenommen wurde. Er erhielt zahlreiche Preise, wie z. B. den Aachener Karlspreis, den deutschen Medienpreis, die Presidential Medal of Freedom, das Großkreuz in besonderer Ausführung des Verdienstordens der Bundesrepublik Deutschland sowie den internationalen Adalbert-Preis. Kritisch betrachtet wird Kohl dennoch wegen der CDU-Parteispendenaffäre, zu der er nie Stellung genommen hat.

Rauf auf den Sattel und auf geht's

Was haben sich unsere Eltern wohl dabei gedacht, als sie uns einen Roller kauften? Sicher nicht, dass wir ohne Rücksicht auf Verluste sofort die Straßen erobern wollten. Natürlich hielten wir uns an den Einführungskurs im Hof, doch was gab es Langweiligeres als immer nur ein und dieselbe Runde zu fahren? Als wir dann endlich Mama zum Einkaufen in den nahe gelegenen Supermarkt begleiten durften, interessierte es uns nicht im Geringsten, ob wir den Leuten vor uns in die Hacken oder zu nah an der Straße fuhren. Wir wollten nur gucken, wie schnell man mit dem neuen Gefährt fahren konnte. Natürlich gab es die eine oder andere Schramme an den Knien, trotzdem guckten wir neidisch den Fahrradfahrern hinterher, die wild klingelnd an uns vorbeifuhren. Aber auch diese Zeit sollte für uns kommen.

Als wir dann endlich das erste Fahrrad mit Stützrädern bekamen, sträubten wir uns gegen den mitgelieferten Helm, wir wollten schließlich den Wind in unseren Haaren spüren, wenn wir durch die Gegend sausten. Doch das war leichter gesagt als getan, wie wir bald feststellen mussten. Auch wenn es bei allen anderen so

In der Wohnung schon mal Probe fahren.

einfach aussah – wir hatten kleine Probleme mit unserem neuen Fortbewegungsmittel und waren letztendlich froh über den Helm, weil in den meisten Fällen nur unsere Ellenbogen und Beine leicht lädiert waren und nicht auch noch unsere Köpfe. Irgendwann wurde uns klar, dass wir nicht ewig auf vier Rädern fahren konnten und dass es sich mit zwei Rädern noch schneller fahren ließ. So wollten wir, als die Stützräder abmontiert waren, sofort losfahren, hatten allerdings die Rechnung ohne das neue Verhältnis von Gleichgewicht und Rädern gemacht. Meist endete unsere erste Fahrt ohne Hilfsmittel nach fünf Metern auf dem Bürgersteig, was zu einer kleinen Heulorgie führte. Schließlich hatte uns niemand gesagt, dass es so kompliziert sein würde. Aber mit der Hilfe von Mama und Papa lernten wir mit dieser Schwierigkeit schnell umzugehen, und ehe sie es sich versahen, waren wir auch schon um die nächste Straßenecke gebogen.

Wir waren aber auch gut zu Fuß unterwegs.

Wer wird Millionär?

Die Erfolgssendung „Wer wird Millionär?" des Privatsenders RTL wurde zum ersten Mal am 3. September 1999 ausgestrahlt und wird seitdem vom Moderator Günther Jauch geleitet. Vorbild für diese Sendung war die britische Quizshow „Who Wants to Be a Millionaire?". Die Regeln wurden fast 1:1 übernommen.

Anfangs wurde um einen Betrag von 1 000 000 DM gespielt, nach der Währungsumstellung 2002 mussten die Gewinnstufen neu angeordnet werden, damit um 1 000 000 € gespielt werden konnte. Die Quizshow erfreut sich nach wie vor großer Beliebtheit beim Publikum.

In die Sonne,
die Ferne hinaus

Urlaub – dieses Wort hörten wir schon als
Heranwachsende sehr gerne. Ob wir ans
Meer fuhren oder die Berge unsicher
machten, war egal, wichtig war nur, dass
uns ein würdiges Freizeitangebot zuteil-
wurde. Am Meer verbrachten wir immer
schöne Tage, auch wenn es hieß: „Ihr
sollt an den ersten Tagen nur mit den Füßen ins Wasser gehen, weil ihr euch
erst an die Temperatur gewöhnen müsst." – Sobald Mama allerdings ihre
Sonnenbrille aufgesetzt hatte und sich im Strandkorb in die Sonne legte, war
die Regel vergessen und wir spritzten uns von oben bis unten nass. Solche
Aktionen stießen zwar bei den Erwachsenen nicht unmittelbar auf freudiges
Aufschreien, trotzdem wurden wir liebevoll umgezogen, in einen dicken Pulli
gewickelt und im aufgewärmten Strandkorb mit frisch geschnittenen Äpfeln
verwöhnt. Auch das Schließen neuer Freundschaften fiel uns nicht schwer und
das Strandburgen-Bauen mit anderen Kindern machte deutlich mehr Spaß.

Unsere Eltern staunten nicht
schlecht über die von uns
Zwergen erbauten Riesenbur-
gen mit Muschelverzierungen.
Im Skiurlaub eroberten wir
die Pisten im Sturm. Natürlich
stand zunächst ein kleiner
Anfängerkurs auf dem Pro-
gramm, doch unsere Hemm-
schwelle war nicht so groß wie
bei einigen Erwachsenen, und

… oder in die Berge?

so düsten wir auf unseren zwei Brettern im Schuss an ihnen vorbei die Abhänge hinunter. Hinsehen konnten unsere Eltern da nur selten, aber wir waren ja geschickt genug, um nicht vor einen Baum zu fahren. Zur Stärkung gab es dann einen leckeren Kinderpunsch auf der Hütte. So vergingen die Ferientage wie im Flug. Auf den Heimweg freuten wir uns trotzdem, denn wir vermissten ja viele unserer Spielsachen und Kuscheltiere, die wir zu Hause lassen mussten, und natürlich unsere Freunde daheim.

   Aber auch wenn wir nicht verreisten, genossen wir die freien Tage mit unseren Eltern. Dann standen Zoo- und Schwimmbadbesuche, Ausflüge oder gemütliche Spielenachmittage auf dem Programm. Oder wir besuchten unsere Großeltern, Tanten und Onkel, Cousins und Cousinen.

Zur Not konnten wir auch auf der Terrasse übernachten, aber nur bei offener Tür.

Spaß hatten wir überall.

Jahrtausendwechsel: ein Grund zum Feiern!

Ein neues Jahrtausend bricht an

Dezember 1999: Die Welt stand Kopf, überall wurden riesige Feuerwerke vorbereitet, die bekanntesten Komponisten und Bands ins Fernsehen eingeladen und die schönsten Feste gefeiert. Die Jahrtausendwende rückte näher, ein neues Zeitalter würde beginnen. Statt einer eins würde dann eine zwei vor den Jahren stehen und alle wollten diesen besonderen Jahreswechsel in der Nacht vom 31. Dezember 1999 auf den

1. Januar 2000 ausgelassen feiern. Wissenschaftler erklärten vergeblich, dass der Millenniumswechsel eigentlich am 31. Dezember im Jahr 2000 stattfindet, da erst mit Vollendung des Jahres 2000 auch das Jahrtausend voll sei, doch diese Tatsache erregte mehr Unverständnis als Begeisterung. Und warum nicht einfach zweimal die Korken knallen lassen, ein derartiges Ereignis mitzuerleben war schließlich ein großes Privileg.

Helau und Alaaf – ab ins Schulvergnügen

Und schon beginnt der Ernst des Lebens!

Irgendwann war es für uns so weit: Willkommen in der ersten Klasse! Nachdem wir schon lange vorher den Schuleignungstest erfolgreich bestanden hatten, im Kindergarten als stolze Vorschulkinder auf die Schule vorbereitet worden waren und der Schulranzen ausgewählt war, rückte nun der große Tag für uns näher.

Die meisten von uns konnten es kaum erwarten, endlich in die Schule zu kommen, aber manchen hat die Nervosität auch Bauchschmerzen und Kopfzerbrechen bereitet. Und dann kam doch alles anders, als wir gedacht hatten. Mit stolz geschwellter Brust und ausgestattet mit Ranzen und prall gefüllter Schultüte schritten wir – Eltern, Paten und Großeltern im Schlepptau – zu unserer Einschulungsfeier. Der Schulhof war quietschend bunt von Schultaschen und Schultüten in allen vorstellbaren Farben und Formen und mit allen

Chronik

1. Juni 2000
In Hannover wird die Expo 2000 unter dem Motto „Mensch, Natur und Technik – Eine neue Welt entsteht" eröffnet.

24. November 2000
In Deutschland wird der erste BSE-Fall bekannt.

20. Januar 2001
George W. Bush wird zum 43. Präsidenten der USA vereidigt.

11. September 2001
Bei den Terroranschlägen auf das World Trade Center in New York kommen rund 3000 Menschen ums Leben.

7. Oktober 2001
Beginn der „Operation Enduring Freedom" durch die USA als Antwort auf die Terroranschläge vom 11. September.

1. Januar 2002
Der Euro kommt als europäische Einheitswährung in Umlauf.

26. April 2002
Während eines Amoklaufs tötet Robert Steinhäuser am Erfurter Gutenberg-Gymnasium 16 Menschen und anschließend sich selbst.

1. Juli 2002
Zwei Flugzeuge stoßen über dem Bodensee in 11 000 Metern Höhe zusammen. 71 Menschen sterben.

Sommer 2002
Das Jahrhunderthochwasser an der Elbe und ihren Nebenflüssen richtet vor allem in Ostdeutschland verheerende Schäden an.

1. Februar 2003
Die US-Raumfähre Columbia zerbricht kurz vor ihrer Landung auf Cape Canaveral, die sieben Besatzungsmitglieder sterben.

20. März 2003
Beginn des Dritten Golfkriegs: Deutschland und Frankreich stellen sich gegen die Kriegspolitik der USA und Großbritanniens.

24. März 2003
George W. Bush kündigt dem amerikanischen Volk in einer vierminütigen Rede den Irakkrieg an.

Wann darf ich endlich in die Tüte gucken?

möglichen (und auch unmöglichen) Mustern von Tieren und Pflanzen bis zu Fantasiewesen, Autos und Zeichentrickfiguren.

Nach einer gefühlt endlosen Dauer von Reden und Vorführungen der älteren Schulkinder wurden wir endlich auf unsere Klassen aufgeteilt und folgten aufgeregt der Lehrerin in unser zukünftiges Klassenzimmer. Danach gab es Fototermine und ein kleines Fest im Kreis der Familie. Hatten wir das alles überstanden, durften wir endlich die Geheimnisse unserer Schultüten

ergründen: Süßigkeiten, kleine Kuscheltiere, Kassetten, Stifte und noch mehr Süßigkeiten. Für die nächsten Wochen war für unseren Zuckerbedarf vorgesorgt und unsere Eltern hatten bestimmt auch schon den nächsten Termin beim Zahnarzt gemacht, damit unsere Zähne nicht ganz ruiniert wurden. In den nächsten Wochen ging es dann richtig los mit dem Unterricht im Schreiben, Lesen, Rechnen, aber auch mit dem Erlernen der Unterrichtsregeln, dem Stillsitzen und Melden – das musste man als kleines Früchtchen mit viel Unsinn und Spaß im Kopf erst einmal bewältigen.

Keiner von uns war sich darüber im Klaren, wie lange dieser Schulwahn unser Leben beeinflussen und beherrschen würde. Nicht nur die eingeschränkte Freizeit und die neuen Aktivitäten, sondern auch die Tagesabläufe wurden vollkommen auf den Kopf gestellt. Die Devise unserer Lehrer und Eltern lautete: Erst die Arbeit, dann das Vergnügen! Damit hatten sie sicherlich recht, aber wer hält sich schon daran, in den ersten Schultagen seines Lebens?

Schulaufgaben, Freizeit, Unterricht

Trotz mancher Anfangsschwierigkeiten gliederten wir uns schnell in unseren neuen Schulalltag ein. Eine erste Herausforderung stellte das Schreibenlernen dar. Da wollte die Hand nicht immer so wie der Kopf, oder die Stifte brachen ab vom starken Aufdrücken. Manche von uns konnten bereits vor dem Schulbesuch die Buchstaben „zeichnen" oder gar einige Wörter oder Sätze schreiben, andere lernten schließlich in den Erstklässler-Schreibheften spielerisch die Buchstaben. Das „f" musste zum Beispiel in den Keller, über das Erdgeschoss und bis ins Dach in die Linien gemalt werden, während das „p" sich nur im Keller und Erdgeschoss aufhielt.

Mit den ersten Worten und Sätzen, die wir selbst schreiben konnten, kam das Lesen. Erst probierten wir uns an Büchern mit extra großer Schrift und vielen kleinen eingestreuten Bildchen. Als das gut klappte, wagten wir uns an textrei-

chere Bücher. Sehr beliebt waren zum
Beispiel die Bücher vom Hasen Felix, der
schon viel von der ganzen Welt gesehen
hatte und uns aus allen Ländern bunte
Briefchen schickte. Auch Pixi-Bücher, die
wir ja schon lange sammelten, lasen wir
nun fleißig oder lernten sie sogar auswen-
dig. Die Geschichte vor dem Einschlafen
konnten wir jetzt schon mit unseren Eltern
zusammen oder gar alleine lesen, auch

Wir machten auch durchaus schon einmal
Probesitzen auf dem Chefsessel.

wenn das die ersten Male ein wenig länger dauerte. Oft übernahmen wir den
ersten Teil der Geschichte, denn nach spätestens fünf Minuten sahen wir auf
einen einzigen Buchstabensalat und konnten gerade noch die Kraft aufbrin-
gen, die Bilder zu betrachten, die die Erzählung ergänzten. Wir waren trotzdem
sehr stolz auf die Erweiterung unseres Wortschatzes und lasen alles laut vor,
egal ob in der Straßenbahn, im Supermarkt oder bei einem Bummel durch den
Tierpark. Es gab wieder jede Menge Neues zu entdecken.

Ein weiteres Schulfach, das die einen begeisterte, die anderen eher ver-
wirrte, war das Rechnen. Für einige von uns zog sich diese Verwirrung durch
die gesamte Schullaufbahn, aber in der ersten Klasse fing das ganze Theater
an. Zählen konnten wir schon bis zehn, aber schnell wurden wir in die höheren
mathematischen Geheimnisse eingeweiht und erfuhren, was addieren und
subtrahieren, multiplizieren und dividieren ist.

So verstrich das erste Schuljahr und wir
hatten mittlerweile spitzgekriegt, dass das
Beste an der Schule die Pausen waren
und natürlich die Ferien! Wir hatten zwar
schon im Herbst, um Weihnachten, Ostern
und meist auch Pfingsten Ferien, aber die
Sommerferien waren doch eindeutig die
schönsten und sie waren so unendlich
lang. Die Sonne schien, die Tage waren
lang, wir konnten das Freibad unsicher
machen, die Spielplätze einnehmen, in
den Zoo gehen und außergewöhnliche

Sogar im Haushalt lernten wir Dinge, z. B. Kochen
(auch wenn es manchmal ein komischer Anblick war).

7. bis 10. Lebensjahr

Tiere beobachten, Mini-Golf spielen und, was natürlich für uns im Sommer ein absolutes Muss war, uns durch die gesamte Eistheke probieren. Viele von uns verreisten mit ihren Eltern in andere Länder. Es war aufregend und keiner von uns wusste genau, wie es werden würde, wenn wir wieder zur Schule gingen. Aber am Ende der Sommerferien freuten wir uns doch darauf – vor allem auf unsere Freunde und auf die Lehrerin. Dann gab es erst mal eine Erzählstunde, in der wir von unseren Ferien und von unseren besonderen Abenteuern berichten durften. Dabei waren die Erlebnisse sehr unterschiedlich und das machte es umso spannender, einander zuzuhören.

9/11

Am 11. September 2001 um 8.15 Uhr Ortszeit wurde der Flug 11 einer amerikanischen Airline von islamistischen Terroristen entführt, 31 Minuten später flog das Flugzeug in den Nordturm des World Trade Centers. 17 Minuten darauf wurde ein weiteres Flugzeug von Anhängern der Terror-Gruppe al-Qaida in den Südturm des WTC gesteuert. 56 und 102 Minuten nach dem Aufprall der beiden Flugzeuge stürzten die Gebäude ein, während die Lösch- und Evakuierungsarbeiten in vollem Gange waren. Um 9.37 Uhr Ortszeit flog ein drittes entführtes Flugzeug in das Pentagon, es zerstörte drei Gebäudeteile der Westseite und löste ebenfalls einen Großbrand aus. Das vierte Flugzeug, welches die islamistischen Extremisten entführt hatten, stürzte nach einem Kampf zwischen Passagieren, Besatzung und Entführern um 10.03 Uhr bei Shanksville ab, es wird vermutet, dass sein eigentliches Ziel das Weiße Haus oder das Kapitol war. Die Zahl der Todesopfer ist umstritten. Fest steht jedoch, dass es mindestens um die

3000 waren. Unter ihnen die Insassen der Flugzeuge, die Beschäftigten im World Trade Center, die Terroristen, Aufräumarbeiter, Helfer, Passanten und Feuerwehrleute.

Um die Lücke der Skyline in New York wieder zu schließen, wurde am 4. Juli 2004 der Grundstein für ein neues World Trade Center gelegt, das One World Trade Center (1 WTC) wurde 2015 eröffnet. Ebenfalls 2004 bekannte sich der Anführer der Terrorgruppe al-Qaida offiziell zu den Anschlägen.

Die Vereinten Nationen begründeten den Irakkrieg, der nach den Anschlägen wieder aufgenommen wurde, mit dem Ziel, den Krieg gegen den Terrorismus verstärken und die internationale Sicherheit wieder herstellen zu wollen. Weil diese Argumente für die geplante Invasion von George W. Bush in den Irak nicht ausreichten, gründete sich die „Koalition der Willigen", zu der alle Staaten gehörten, die aktiv bei der „Aufklärungsarbeit" im Irak mithelfen wollten.

Manch einer von uns entdeckte seine Liebe zu Pferden.

Auf großer Fahrt

Unsere Ferien gestalteten sich jedes Jahr anders. Andere Urlaubsziele, andere Menschen, andere Aktivitäten: Mal war es das Sandburgbauen am Strand, bei dem wir aufgeregt mit Schaufeln, Eimern oder auch mit bloßen Händen die Festung zu halten versuchten, während wir das herannahende kalte Meerwasser und die scharfen Muschelsplitter unter unseren Füßen mit erschrecktem Quieken kommentierten. Oder es war der Urlaub auf dem Bauernhof in den Bergen, bei dem wir nicht nur unsere kindliche Tierliebe voll ausleben konnten, sondern auch Einblick in ein ganzes Berufsfeld bekamen, sei es beim Mitfahren auf dem Traktor oder bei der Geburt eines Kälbchens. Die Eltern begleiteten wir auch mal widerwillig auf einen Ausflug ins nahe Dörfchen, zu einem wunderbar klaren Bergsee oder zu einer dieser alten, wahnsinnig interessanten Kirchen. Dabei wussten wir jedoch, dass in Wirklichkeit auf dem Bauernhof das wahre Leben tobte, und wären am liebsten noch Wochen dort geblieben.

Aber dies waren ja nicht die einzigen Wochen, die wir woanders verlebten. Wir machten natürlich auch mit der Schule Ausflüge und, was noch besser war, Klassenfahrten. Besagte Fahrten dauerten meist drei bis fünf Tage. Dabei hatten wir die Möglichkeit, die Themen, die wir im Unterricht behandelt hatten, weiter zu vertiefen: Dinosaurier, Antike, Steinzeit – was auch immer, es gab wieder Spannendes zu entdecken. Und dabei wollten wir am liebsten alles selbst erkunden. Führungen fanden wir langweilig, kleine Workshops und Experimente, in denen wir selbst Hand anlegen durften, halfen uns aber, diese eintönigen Erzählphasen der Museumsführer zu überstehen. Mal konnten wir aus Kupfer einen Armreifen herstellen, oder versuchen, einen Zwischenraum in einem Fachwerkhaus zu stopfen, … es war immer für alle etwas Interessantes dabei, und wir konnten zu Hause stolz unsere Errungenschaften präsentieren.

Trotz all der aufregenden Erlebnisse kam bei dem einen oder anderen ein bisschen Heimweh auf. Tagsüber waren wir zu beschäftigt, um an irgendetwas anderes zu denken als das, was wir zu tun hatten. Erst nach dem gemeinsamen Abendessen in der Jugendherberge oder im Schullandheim, als wir endlich in den Betten lagen, flossen die Tränen, und unsere Lehrer hatten gut daran getan, eine Familienpackung Tempos in ihrer Reisetasche zu verstauen. Aber auch diese Phasen überwanden wir, indem wir mit unseren Zimmernachbarn kreativ wurden und beschlossen, nachts das Gebäude unsicher zu machen. Kleine Streiche gehörten schließlich zu einer Klassenfahrt dazu und so stromerten wir in unseren Schlafanzügen über die Flure, klopften an Zimmertüren, um danach sofort hinter der nächsten Ecke zu verschwinden, oder tauschten die Schuhe in den Regalen aus. Jede dieser Fahrten ist uns im Gedächtnis geblieben, jede war einzigartig und voller Erlebnisse. Das Gefühl, wieder nach Hause zu fahren, war aber ebenso schön wie die Anspannung auf der Hinfahrt, und als der Bus endlich auf den heimischen Parkplatz fuhr und wir mit unseren Rucksäcken und Kuscheltieren im Arm aus dem Bus stürmten, wunderten sich unsere Eltern, wie groß wir plötzlich waren.

Es gab immer was zu tun.

Die Welt der Technik

In unserer Freizeit blieb neben der Ausübung
unsere Hobbys, wie Sporttreiben oder Musizieren,
immer noch Zeit zu Verabredungen mit unseren
Freunden. Aber auch wenn mal keiner Zeit hatte,
hatten wir unsere neue Lieblingsbeschäftigung:
So spielten wir gerne Computerspiele auf den
Geräten unserer Eltern. Noch größer war aber
der Wunsch nach einem eigenen kleinen, moder-
nen Spielzeug, wo am laufenden Band Musik
abgespielt wurde und kleine Männchen von
Stein zu Stein durch ein Labyrinth hüpften. So
entdeckten wir den Gameboy, der nicht selten
unser stetiger Begleiter wurde. Ob im Bus, in
der Bahn, auf dem Schulhof oder im Kinder-
zimmer: Wir hatten ihn immer dabei. Natürlich
war das pädagogisch nicht besonders wertvoll,

Was man mit Duplo-Steinen nicht
so alles machen kann.

aber unsere Eltern hatten vorgesorgt und Lernprogramme gekauft, die wir
ebenso einfach wie die Spiele mit dem Gameboy nutzen konnten. Zur gleichen
Zeit kamen Spielekonsolen groß heraus, die an den Fernseher angeschlossen
wurden. Zwar waren die nicht so transportabel wie die Gameboys, aber dafür
konnte man mit Freunden zusammen spielen, wie zum Beispiel das beliebte
MarioKart-Autorennen. Regnerische Nachmittage waren damit gesichert und
zusammen machte das Ganze auch doppelt so viel Spaß.

Allerdings stießen diese „Daddel"-Spiele am Computer, am Gameboy und
der Konsole nicht immer auf die volle Zustimmung unserer Eltern. Einige von
uns mussten sich an festgesetzte Zeiten halten, und unsere Eltern achteten
stets darauf, dass wir auch nicht länger davor sitzen blieben. Der Grund dafür
war nicht nur die Abhängigkeit von diesen Geräten, vor der wir gewarnt
wurden, sondern dass wir davon angeblich „eckige" Augen bekommen
würden. Aber nicht nur Spiele waren eine bei uns beliebte Freizeitbeschäfti-
gung. Auch der Fernseher bot viel Abwechslung, jedoch auch Konfliktpotenzial
mit den Eltern. Neben Programmen wie KiKa, Super RTL, auf denen wir die
Geschichten um „Lauras Stern", „Schloss Einstein" oder die Verfilmung der
Bücher „Briefe von Felix" und die „Pfefferkörner" gespannt verfolgen konnten,
liebten wir unsere Video-Kassetten. „Benjamin Blümchen" und „Donald Duck"

7. bis 10. Lebensjahr

gehörten zu unseren Lieblingen, allerdings standen auch die Zeichentrickverfilmungen von Schneewittchen, Bambi, Dornröschen und anderen Klassikern in den Regalen. Und wir liebten sie alle. Viele konnten wir mitsprechen, was uns aber nicht daran hinderte, sie immer wieder zu gucken. Und wenn uns dann doch einmal das Fernsehen verboten wurde, griffen wir auf unsere Spiele und Spielsachen zurück. Unsere Auswahl war ja schließlich vielfältig und manchmal sogar geistreich.

Mobilisierung, Freizeitspaß und Albernheiten

Entgegen der weitverbreiteten Meinung beginnt der Führerscheinstress nicht erst in der späten Pubertät. Schon vorher begegneten uns Herausforderungen wie Theorieunterricht, Übungsstunden und schließlich die gefürchtete Prüfung: beim Fahrradführerschein. In der vierten Klasse stand die Fahrradprüfung an.

Von einem echten Polizisten lernten wir, wie man sich im Straßenverkehr zu verhalten hat und was alles passieren kann, und fühlten uns damit gleich viel erwachsener. Wir verstanden ansatzweise die Straßenverkehrsordnung, lernten die Bedeutung der vielen Schilder, achteten auf die Vorfahrt und belehrten unsere Eltern über die Notwendigkeit des Schulterblicks. Hatten wir die Prüfung, die aus einem

Sportliche Betätigung in der Freizeit.

schriftlichen und einem prakti-
schen Teil bestand, erfolgreich
bewältigt, waren wir kaum mehr
zu halten. Immer wieder wollten
wir allein auf dem Fahrrad, das
jetzt ein wichtig aussehender
Aufkleber schmückte, durch die
Gegend radeln, um die Stadt
unsicher zu machen.

Somit wurde unser Fahrrad für
uns das erste wichtige Trans-
portmittel im Straßenverkehr.
Egal, wo wir hinmussten, ob zum

Ob im Tierpark oder zu Hause:
Tiere waren unsere Freunde.

Fußballtraining, zum Klavierunterricht oder in die Schule, unser Fahrrad wurde
unser treuer Begleiter. Wenn man die gleiche Strecke zu fahren hatte, schloss
man sich in Grüppchen zusammen. Am Wochenende unternahmen wir sogar
kleine Fahrradtouren mit unseren Freunden. Ein Ziel zu finden war nie ein
Problem: Picknick im benachbarten Park, Tischtennis- und Fußballspielen an
der Schule, Zelten bei Oma und Opa im Vorgarten oder Budenbauen im Wald
– für jeden war etwas dabei. In dieser Zeit hatten wir unsere Vorliebe für
Bandenspiele entdeckt, Vorbilder waren die Fünf Freunde, die ???, TKKG und
die Wilden Hühner. Wir spielten Detektive, bauten uns Baumhäuser und
suchten nach Abenteuern.

Im Winter mussten wir unser Fahrrad im Keller stehen lassen. Bei Schnee
und Eis hatten wir leider keine Chance, damit etwas zu unternehmen und
mussten entweder auf Bus und Bahn, unsere Eltern als Fahrdienst oder unsere
eigenen Füßen zum Laufen zurückgreifen. Aber der Winter hatte auch seine
guten Seiten. Das fing schon mit der Weihnachtszeit an. Fast jeder bekam
einen Adventskalender mit tollen Kleinigkeiten, die uns schon sehr gespannt
machten auf die große Bescherung am Heiligen Abend. Außerdem begann
spätestens Anfang Dezember die große Bastel- und Backzeit. Und da wir ja
alle Naschkatzen waren, fehlte auch mal etwas vom Teig, was von unseren
Eltern stets mit mahnenden Worten quittiert wurde, dass es ja Magenschmer-
zen geben könnte. Doch die Reue kam erst, wenn wir wirklich Bauchweh
hatten und mit einer Wärmflasche unter einer Decke auf das Sofa verfrachtet
wurden. Die Genesung ging immer schnell vonstatten, sodass wir ruckzuck
wieder in der Lage waren, etwas vom Plätzchenteig abzuzweigen oder uns
draußen mit Freunden zu treffen, um eine kleine Schneeballschlacht zu

… oder saßen auf unserem Schlitten.

machen, um Schlitten zu fahren oder Schlittschuh zu laufen. Manchmal kam es
vor, dass jemand von uns bei der Schneeballschlacht einen Ball ins Gesicht
bekam, das konnten wir aber locker wegstecken, die Retourkutsche ließ nicht
lange auf sich warten.

Als wir endlich das letzte Türchen des Schoko-Adventskalenders öffnen
durften, waren wir so aufgeregt, dass unsere Eltern uns nachmittags nach
draußen schickten, um einen Schneemann zu bauen, sofern Schnee lag. Nach
einem viel zu langen Kindergottesdienst ging es schließlich zur Bescherung.
An die Geschichte vom Christkind glaubten wir oberflächlich natürlich noch,
insgeheim hatten wir aber im Keller die unverpackten Geschenke schon
gefunden und ausgiebig inspiziert. Unsere Eltern konnten sich über gemalte
Bilder, gebastelte Weihnachtsdekoration und selbst gebackene Plätzchen
freuen. Das nächste Highlight im Jahreszyklus stellte Silvester dar. Endlich
durften wir einmal bis spät in die Nacht aufbleiben, Tischfeuerwerke veranstal-
ten und mit ansehen, wie Raketen in den Himmel schossen.

Happy Birthday to you!

Unsere Geburtstage waren für uns der Höhe-
punkt des Jahres. Das Beste daran waren der
Geburtstagskuchen, die viele Post und natürlich die Geschenke. Wir freuten uns über alles,
was wir bekamen: Spielsachen, Klamotten,
Sportutensilien, Dinge, die wir vielleicht für
unsere Hobbys brauchten. Und wir feierten
natürlich ausgelassen: im Freibad oder im Hallenbad, auf dem Minigolfplatz,
auf der Kegelbahn, verkleidet auf einer Mottoparty oder bei einer Rallye durch
unser Viertel. Der Fantasie waren keine Grenzen gesetzt. So bastelten wir im
Vorfeld Karten, schrieben die Einladungen in unserer Schönschrift und verteil-
ten diese voller Stolz an unsere Freunde in der Schule.

Wenn der große Tag gekommen war und alle unsere Freunde eintrafen,
waren wir richtig aufgeregt. Einen ganzen Tag im Mittelpunkt zu stehen, war
etwas Tolles für jeden von uns und wir erlebten ein fantastisches Fest, das
natürlich auf vielen Fotos festgehalten wurde.

Wenn wir wiederum zu einer Geburtstagsfeier eingeladen wurden, freuten wir
uns genauso und überlegten, was wir dem Geburtstagskind am besten schen-

ken konnten. Das war gar
nicht so leicht, denn wir
mussten uns mit den anderen
Gästen absprechen, um nicht
mit dem gleichen Geschenk
vor der Tür zu stehen. So
erlebten wir zahlreiche
wundervolle Geburtstagsfei-
ern mit viel Spaß und Spiel.

Bei Geburtstagen waren Rallyes
oder Schatzsuchen beliebt.

Pickelalarm
und andere
Katastrophen

Bruchrechnung? Ich versteh gar nichts.

Die fetten Jahre sind vorbei

Nachdem wir die ersten vier Jahre
unserer Schulzeit absolviert hatten,
begann wieder ein neuer Lebensab-
schnitt für uns: Der Wechsel auf die
weiterführende Schule stand an.

Nun hieß es, sich gemeinsam mit Eltern und Lehrern für eine neue Schule zu
entscheiden. Die einen wählten ein Gymnasium, die anderen eine Gesamt-,
Real- oder Hauptschule. Uns wurde klar, dass wir nicht mehr mit all unseren
Freunden weiterhin die Schulbank drücken würden, und so waren die letzten
Tage in der Grundschule ein wenig von Trauer und Abschied geprägt, aber
zugleich auch von Neugier und Entdeckungslust. Endlich aus dem alten Trott

Chronik

4. Februar 2004
Der US-amerikanische Student Mark Zuckerberg gründet das soziale Netzwerk Facebook.

11. März 2004
Bei Bombenanschlägen durch islamistische Terroristen auf Züge in Madrid kommen 191 Menschen ums Leben.

1. Mai 2004
Die EU wird um zehn Mitglieder aus Osteuropa erweitert (EU-Osterweiterung).

1. Juli 2004
Amtsantritt des neuen Bundespräsidenten Horst Köhler.

26. Dezember 2004
Ein Tsunami im Indischen Ozean fordert ca. 230 000 Todesopfer und richtet verheerende Schäden an.

2. April 2005
Pabst Johannes Paul II. stirbt. Sein Nachfolger wird ein Deutscher, Benedikt der XVI.

10. Mai 2005
Einweihung des Denkmals der in Europa ermordeten Juden in Berlin.

29./30. August 2005
Hurrikan „Katrina" verwüstet große Teile im Süden der USA.

22. November 2005
Angela Merkel wird erste deutsche Bundeskanzlerin.

9. Juni bis 9. Juli 2006
Deutschland erlebt bei der Fußball-WM im eigenen Land ein „Sommermärchen". Die deutsche Nationalelf belegt den dritten Platz, Italien wird Weltmeister.

23. August 2006
Natascha Kampusch entflieht ihrem Entführer nach achtjähriger Gefangenschaft.

9. Januar 2007
Apple-Gründer Steve Jobs stellt das erste iPhone vor.

6. Mai 2007
Nicolas Sarkozy gewinnt die französische Präsidentschaftswahl.

raus – und in einen neuen hinein. Natürlich war es uns sehr wichtig, wenigstens mit einigen Freunden in dieselbe Klasse zu kommen, sofern sich unsere Schulwahl deckte. Dann kannten wir immerhin schon jemanden und fühlten uns nicht ganz verloren.

Dennoch war die Umstellung nicht ganz einfach. Nicht nur die neuen Mitschüler, Lehrkräfte und der neue Schulweg, der nicht selten mit Bus oder Bahn bewältigt werden musste, machten uns zu schaffen. Es war auch ungewohnt, nun wieder zu den Kleinen zu gehören, nachdem wir in der Grundschule schon die Ältesten und Größten, Pate oder Patin von einem Erstklässler und Ansprechpartner für jüngere Schüler gewesen waren. Jetzt bekamen wir selbst Paten, die aber Tutoren genannt wurden, und waren auf die Hilfe anderer angewiesen.

Auch die einzelnen Fächer und Themen änderten sich. Während wir in der Grundschule meist noch keine Fremdsprache hatten, kam jetzt Englisch dazu oder für manche Latein. Auch Biologie, Physik und Erdkunde waren neu für uns. Gar nicht so leicht, mit der Fülle an Neuem zurechtzukommen. Trotzdem bemühten sich alle Lehrer, uns den neuen Einstieg zu erleichtern.

Nach der Schule mussten Hausaufgaben gemacht werden. Das war zwar nichts Neues, nur hatten wir sie längst nicht so schnell und leicht erledigt wie noch zu Grundschulzeiten. Häufig zogen wir unsere Eltern, Großeltern

11. bis 14. Lebensjahr

oder manchmal auch älteren Geschwister zurate. Manche Kinder gingen in Betreuungen, weil die Eltern arbeiteten. Dann half man sich auch untereinander.

Nach den Hausaufgaben war Freizeit angesagt: Sport treiben, Freunde treffen und die neuen Gerüchte aus der Schule und dem Freundeskreis diskutieren, ein Instrument spielen, sich in Jugendeinrichtungen treffen. Jeder war irgendwo eingespannt.

In der Schule bildeten sich erneut Grüppchen, die wir Cliquen nannten. Jeder gehörte irgendwo dazu und der neue Freundeskreis erweiterte sich stetig. Gemeinsam unternahmen wir viel, wobei sich unsere Interessen veränderten. Jetzt gingen wir mit dem besten Freund oder der besten Freundin shoppen oder ins Kino.

Natürlich stand das Interesse an unseren neuen Freizeitaktivitäten über dem an der Schule und deshalb wanderten bei manch einem von uns die Noten in den Keller. Doch da wussten unsere Eltern Abhilfe zu schaffen und organisierten für uns Nachhilfeunterricht. Dort versuchte eine nette Studentin oder ein geduldiger Oberstufenschüler, uns Prozent- und Bruchrechnung näherzubringen, oder plauderte mit uns auf Englisch. Die Frage „Warum hast du das denn im Unterricht nicht verstanden?", beantworteten wir gern mit „Da war ich gerade Kreide holen".

Lesen, Lernen und Trainieren

Termine, Termine, Termine. Für uns war klar, dass die Woche eigentlich nicht nur aus sieben Tagen und ein Tag nicht nur aus 24 Stunden hätte bestehen dürfen. Am liebsten hätten wir alles gleichzeitig gemacht. Am Wochenende ging es mit dem Fußballverein zum Turnier in die Nachbarstadt oder mit der Reitgruppe ins Gelände. Unter der Woche verabredete

Der Sport wurde für uns immer wichtiger.

man sich direkt nach der Schule zum Mittagessen und zum gemeinsamen „Lernen", was oft damit endete, dass wir, anstatt in den Schulbüchern zu lesen, uns über die Stars in „Bravo" und „Mädchen" informierten. Lautstark sangen wir zu der Musik von Rihanna, Tokio Hotel und Fettes Brot, rissen Poster aus den Zeitschriften und dekorierten damit unsere Zimmer, damit wir unsere Lieblingsstars, egal ob Sportler oder Sänger, immer anschmachten konnten. Kleine Zickereien waren natürlich vorprogrammiert, denn leider gab es jedes Bild nur einmal in der Zeitschrift und leider gab es auch nur einen Schiedsrichter, der beim Fußball über Elfmeter oder Ecke entschied.

Wie auch immer: Es gab immer wieder Neues zu entdecken. Dazu gehörten auch Streiche. Ob in der Nachbarschaft oder in der Schule, unsere Mitmenschen mussten einiges aushalten. Natürlich nervten wir die Älteren damit. Schließlich waren wir ja noch unglaublich kindisch, was sich allerdings bald legte. Denn wir wollten erwachsen sein und taten einiges dafür, um diese Anerkennung von anderen zu bekommen. Dazu gehörte auch, dass Mädchen begannen, sich für Mode und Kosmetik zu interessierten. Für Jungen wurden Sportereignisse und Computerspiele immer wichtiger. Zwei vollkommen verschiedene Welten, die nicht selten mit viel Schwung aufeinanderprallten. Eine Gemeinsamkeit gab es aber dennoch: die Musik. Jeder interessierte sich für irgendwelche Musik, und das schweißte zusammen.

Frauenpower in der Regierung

Angela Merkel, die erste deutsche Kanzlerin.

Nach einer gescheiterten Vertrauensfrage von Kanzler Gerhard Schröder an das Parlament kündigten SPD-Parteichef Müntefering und Bundeskanzler Gerhard Schröder am 22. Mai 2005 eine vorgezogene Bundestagswahl an. Diese fand am 18. September 2005 statt. Die CDU/CSU erhielt mit der Spitzenkandidatin Angela Merkel 35,2 % der Stimmen, die Sozialdemokraten konnten sich mit ihrer Regierungskoalition aus SPD und Grünen nicht mehr durchsetzen. So wurde zum ersten Mal in der deutschen Geschichte eine Frau zur Bundeskanzlerin gewählt. Außergewöhnlich waren außerdem ihr junges Alter – sie war bei ihrer Wahl erst 51 Jahre alt – und ihre naturwissenschaftliche Laufbahn.

Nein, das sind nicht unsere Ururgroßeltern, das sind WIR!

Mädchen und Jungen – zwei Welten prallen aufeinander

Da wir in der Regel gemischte Schulen besuchten, fielen uns die Veränderungen des jeweils anderen Geschlechts auf. Die Mädchen unternahmen erste Versuche im Schminken, wofür Unmengen von Taschengeld ausgegeben wurden. Auch die Mode wurde nun mehr beachtet: Wir bemühten uns immer, die neusten Sachen zu tragen. Die Geschäfte wurden nach Oberteilen im Baby-Doll-Stil durchforstet, Cowboy-Stiefel mit Patchwork-Röcken kombiniert. Für die Jungs hieß es „Farbe bekennen". Sie verbanden lässige, ausgewaschene Jeans mit knallbunten T-Shirts. Der Kleiderschrank wurde also häufig mal umgekrempelt, neu geordnet und Kleidungsstücke aussortiert. Auch farblich versuchten wir alles abzustimmen: Schminke, Kleidung, Tasche, Schuhe. Und natürlich musste die Haarfrisur sitzen. Manchmal wurden wir so zu Kopien unserer Idole aus der Musik- und Filmwelt.

Aber auch die Jungen blieben nicht tatenlos sitzen. Eindruck wollten schließlich alle machen. Also wurden stilbewusst neue Klamotten gekauft, schließlich

waren Baggys jetzt modern. Nicht nur
die Kleidung musste passen, sondern
auch die Frisur. Zum Friseur begleitete
uns nicht selten ein Bild unseres Lieblingsstars, dessen Frisur wir eins zu eins
auf unseren Köpfen haben wollten. Auch
die entsprechende Coolness und das
Auftreten waren wichtig. Xavier Naidoo,
US 5 und Justin Timberlake fungierten
als große Vorbilder und wurden vor den
Spiegeln in der Wohnung nachgeahmt.
Das einfache, aber wohlüberlegte Ziel
dieses Aufwandes war es, das andere
Geschlecht zu beeindrucken.

Die Mädchen liebten Pferde, die Jungen
interessierten sich eher für Fußball.

   Wenn diese beiden Welten aufeinandertrafen, ging es hoch her. In einem
ähnelten wir uns aber alle, nämlich möglichst cool und erwachsen rüberzukom-
men. Das Zusammenarbeiten von Jungen und Mädchen in der Schule erwies
sich als schwierig und wenn es doch mal ein „Paar" gab, das sich gut ver-
stand, wurde es misstrauisch beäugt. Wir waren in der Hinsicht wie alle
Teenager zwischen Kindsein und Pubertät: etwas naiv, unsicher und wechsel-
haft. Und wir hatten das Verlangen, in der Menge aufzugehen. Nur wenige von
uns schwammen konsequent gegen den Strom.

Schule mal anders

Ab und zu durften wir raus aus dem Alltagsleben der Schule: wenn es auf
Klassenfahrt ging. Egal wohin die Fahrt führte, sie war immer ein großes
Erlebnis. Lachen, Streit, Unfug, Tränen und viel gute Laune gehörten dabei
zum Standardprogramm. Unsere Lehrer überlegten sich Methoden, uns für
Unterricht und Freizeitgestaltung zu begeistern – mal mit mehr, mal mit weni-
ger Erfolg. Wir wollten selbst entscheiden, was wir zu tun und zu lassen hatten.
Zwar hatten wir nicht immer eine Wahl, aber wir hatten auch gelernt, zu argu-
mentieren und einen Standpunkt zu vertreten, sodass sich eine gewisse
Verhandlungsbasis ergab.

11. bis 14. Lebensjahr

So wurden je nach Reiseziel am Strand Sandfiguren modelliert, Wanderungen unternommen, Städte und Museen besucht. Es wurde Sport getrieben, in den Wellen gebadet und man erledigte Gruppendienste. Zu einer Klassenfahrt gehörte auch immer die jeweils angesagte Musik. Musikanlagen und CDs waren erlaubt, Handys dagegen tabu. Aus den Zimmern dröhnte „Smack that" von Eminem, „U+Ur Hand" von Pink oder „Das Beste" von Silbermond. Und natürlich gab es auch immer einen Discoabend, für den wir uns extra in Schale schmissen.

Es wurden viele neue Sachen ausprobiert, die bunt gemischte, jedoch geschlechtsspezifische Zimmeraufteilung trieb uns dazu noch an. Manche Eltern wunderten sich, warum ihr Kind auf einmal mit einer neuen Haarfarbe nach Hause kam, beziehungsweise, wie sich der Schnitt innerhalb von einer Woche wie von Geisterhand ändern konnte. Für solche Späße boten sich vor allem die Mittagspausen an, in denen wir entweder „Hausaufgaben" (ja sie machten auch vor Klassenfahrten nicht halt) machten oder ein Projekt bearbeiten sollten. Ein weiteres Highlight auf unseren Klassenfahrten war der „bunte Abend". Jedes Zimmer musste sich eine kleine Darbietung überlegen und vorführen oder ein Spiel anleiten. Wir führten Tänze und Sketche

Zeltlager mit Musik und Gesang …

… und manchmal auch mit einer kleinen Schlammschlacht.

vor, die unsere Mitschüler und Lehrer stets belustigten. Auch Wettbewerbe wurden ausgerufen. Die Gewinner bekamen dann beispielsweise einen Hausaufgabengutschein.

Unglücklicherweise war auch diese schöne Zeit einmal um, dann hieß es Koffer packen, rein in den Bus und ab in die Heimat. Klassenfahrten waren nicht nur besondere Erfahrungen für uns, sondern auch für unsere Eltern. Plötzlich eröffneten sich uns ganz neue Perspektiven. Unsere Eltern begriffen, dass in unserem Alter Familienurlaube nicht mehr ganz oben auf unserer Prioritätenliste standen, sondern aufregende, spannende Jugendreisen. Ob nun England, Spanien, Frankreich, Italien, Nordsee oder Ostsee, wir nahmen alles, was wir kriegen konnten. Auch ohne Freunde, denn es fiel uns nicht schwer, neue Freundschaften zu knüpfen. All diese Reisen schafften in uns einen neuen Raum für Selbstbewusstsein und brachten uns dem Erwachsensein ein großes Stück näher.

Papst Benedikt XVI. bei der Seligsprechung von Johannes Paul II.

Habemus papam

Am 2. April 2005 starb das Oberhaupt der katholischen Kirche im Alter von 84 Jahren. Der aus Polen stammende Papst Johannes Paul II. war 26 Jahre und 5 Monate lang im Amt, das drittlängste Pontifikat der römisch-katholischen Kirchengeschichte. Er bleibt als „Medienpapst" in Erinnerung. Besondere Aufmerksamkeit erregte Papst Johannes Paul II., als er dem türkischen Rechtsextremisten Mehmet Ali Agca vergab, der am 13. Mai 1981 ein Attentat auf ihn verübt hatte.

Das Wirken und Walten dieses Papstes ist auch heute noch zu spüren, so gründete er den Weltjugendtag.

Nach seinem Tod wurde der aus Oberbayern stammende Kardinal Joseph Ratzinger mit 78 Jahren zum Papst gewählt. Er war der erste deutsche Papst seit Hadrian VI. (gestorben 1523). Zur Wahl des neuen Papstes Benedikt XVI. titelte die Bildzeitung den Ausruf „Wir sind Papst". Benedikt XVI. sprach Papst Johannes Paul II. am 1. Mai 2011 selig.

Tapetenwechsel und Glaubensbekenntnis

Im Teenageralter veränderten wir nicht nur unsere Freizeitaktivitäten, unsere schulischen Interessen und unseren Freundeskreis, sondern auch unser eigenes Zimmer und unseren Lebensstil: Die alten Spielsachen und Kuscheltiere wurden auf den Dachboden oder in den Keller gebracht, manch einer verkaufte sie vielleicht auch auf dem Flohmarkt. Doch nur die Neuordnung unserer Habseligkeiten genügte nicht, wir brauchten frischen Wind. Alte Kindermöbel wurden aussortiert und neue Farbe an die Wände gebracht. Mit der Zeit tauschten wir die Poster an unseren Wänden gegen Fotos ein. Auch eine Pinnwand fand einen Platz in unseren Zimmern, wo wir unsere Stundenpläne, Postkarten, Einladungen etc. ansteckten, in der stillen Hoffnung, so einen besseren Überblick über unsere Planungen zu haben. Immer wieder verwandelten wir unsere Zimmer, wir gaben uns nicht leicht zufrieden, wir 94er sind schließlich keinesfalls anspruchslos. Und wenngleich Außenstehende das ausgeklügelte System der Anordnung der Gegenstände in unseren Zimmern nicht auf den ersten Blick erfassten, waren wir doch wahre Organisationstalente. „Nur das Genie überblickt das Chaos" wurde für viele in der pubertären Zeit Wahlspruch und Lebensmotto.

Ein einschneidendes Ereignis fiel in die Zeit der Pubertät, unsere Konfirmation bei den evangelischen Jugendlichen und die Firmung bei den Katholiken. Wir gingen fast alle zum Konfirmandenunterricht oder Firmungsunterricht, die meisten auch nicht

Freunde waren als Hilfe gern gesehen – und es wurde auch eine Menge Mist dabei gemacht.

nur aus Pflichtgefühl, sondern aus echtem Interesse. Aber trotzdem: Ein jeder war froh, als es vorbei war. Wir fieberten sehnsüchtig dem Tag entgegen, an dem die Konfirmation oder Firmung stattfand. Nicht nur wegen der Geschenke, sondern auch, weil die Zeit des zusätzlichen Unterrichts endlich vorbei war. Natürlich freuten wir uns riesig über die üppigen Geldgeschenke, neue Möbel, Reisen oder ein eigenes Instrument. Die „Ausbeute" war ganz schön groß.

Joghurt im Gesicht half zwar nicht gegen schiefe Zähne, aber gegen Sonnenbrand.

Zwischen Suppe und Joghurt

Wo uns der Kopf in der gesamten pubertären Phase stand, wussten wir auch nicht so genau. Wir ahnten nur, dass alle ihn in die für sie „richtige" Richtung drehen wollten. Auch unser Kieferorthopäde fand, dass dringend etwas getan werden musste. Manch einem von uns baute er einen bunten Drahtsalat in den Mund, der dafür sorgen sollte, den Kiefer oder die Zähne in die richtige Stellung zu bringen.

Die Behandlung war eine Tortur, die Folgen unbeschreiblich. Ähnlich wie beim Ziehen der Weisheitszähne konnten wir uns an den darauf folgenden Tagen nur von flüssigen oder halb flüssigen Lebensmitteln ernähren, das Sprechen in der Schule wurde wegen der Schmerzen auf ein Minimum reduziert und das Lächeln wegen der unschönen Zahndekoration weitestgehend unterlassen. Der einzige Trost war, dass wir nicht die Einzigen waren, die nur ein gequältes Lächeln mit geschlossenem Mund beim alljährlichen Foto-Schultermin zustande brachten, und dass unsere Zähne nach Abschluss der Behandlung tauglich für eine neue Zahnpastawerbung sein würden.

Beliebt waren Übernachtungspartys mit langer Fernsehnacht.

„Germany's Next Topmodel" oder „DSDS"?

Schwierigkeiten in der Pubertät gab es unter anderem bei der Wahl des Fernsehprogramms. Viele von uns hatten keinen eigenen Fernseher, sodass wir zeitweise das Wohnzimmer in Beschlag nehmen mussten. Während unsere Eltern eher Sendungen wie „Tatort" und „Wer wird Millionär?" oder Dokumentationen über die Veränderung des Klimas sehen wollten, plädierten wir für Castingshows wie „DSDS", bei denen wir unsere großen Gesangsidole wie Mark Medlock, Lisa Bund und Martin Stosch bewunderten, oder „Germany's Next Topmodel", wo Heidi Klum die besten deutschen Models kürte. Eher selten kamen wir auf einen Nenner und so mussten Kompromisse geschaffen werden. Teilweise durften wir nur unsere Vorabendserien, wie „GZSZ" verfolgen, wenn ein spannender Krimi für unsere Eltern ab 20.15 Uhr lief. Aber auch damit konnten wir uns ab und zu arrangieren, denn man konnte die Sendungen im Internet nachverfolgen und sich am nächsten Tag in der Schule austauschen.

Wenn jedoch das Finale der jeweiligen Castingshow auf dem Programm stand, verstanden wir keinen Spaß. Wir verabredeten uns in Gruppen, um diesem besonderen Ereignis vor der Flimmerkiste beizuwohnen und unsere Lieblings-kandidaten anzufeuern.

„Deutschland, ein Sommermärchen"

Vom 9. Juni bis zum 9. Juli 2006 wurde die 18. Fußballweltmeisterschaft in Deutschland ausgetragen.

Beim Auftaktspiel in München besiegte Deutschland mit 4:2 Costa Rica und kämpfte sich von da an Sieg um Sieg bis ins Halbfinale. Die Begeisterung der deutschen – wie auch internationalen – Fans kannte keine Grenzen, alle feierten ausgelassenen bei durchgehend sommerlichen Temperaturen die Erfolge der deutschen Mannschaft. Durch Fanmeilen und Public Viewings herrschte vier Wochen lang Volksfeststimmung in Deutschland.

Im Halbfinale unterlag die deutsche Elf den Azurri, die gegen Frankreich ins Finale einzogen. Es wurde am 9. Juli im Berliner Olympiastadion ausgerichtet, Italien holte den WM-Pokal. Obwohl Deutschland „nur" den dritten Platz belegte, spielte sich die deutsche Nationalmannschaft u. a. mit Lehmann, Friedrich, Mertesacker, Metzelder, Lahm, Schneider, Frings, Ballack, Schweinstei-

ger, Klose und Podolski in die Herzen der deutschen Fußballfans. Deutschland konnte sich zudem durch sein gastfreundliches, feierlauniges und begeisterungsfähiges Publikum als guter Gastgeber darstellen. Außerdem kurbelte die WM die deutsche Konjunktur an. Es wurden kurzfristig 50 000 neue Arbeitsplätze geschaffen und die Ausgabefreude der Deutschen stieg an.

Jubel und Begeisterung bei der Fußball-WM im eigenen Land.

2008-
Anschnallen und los geht's!
2012

Generation Mattscheibe:
zwischen Buch und Bildschirm.

Wunder der Technik Teil II

Im Eiltempo entwickelten wir einen
Drang dazu, uns mithilfe von Elektro-
nik und Technik das Leben leichter zu machen. Hilfe bei den Hausaufgaben im
Internet zu finden, war für uns längst kein Problem mehr. Doch nicht nur das
Internet bot viele Überraschungen. Die Entwicklung von MP3-Playern und
iPods faszinierte uns zusätzlich. Durch die „Mund-zu-Mund-Propaganda" in
der Schule wurden wir stets auf dem Laufenden gehalten und bald konnten
auch wir auf dem Schulweg die Songs von Monrose und Sido hören. Zum
Missfallen unserer Eltern legten wir die kleinen Geräte kaum noch aus der
Hand, wir waren neugierig, wollten auch technisch immer ganz vorne mit dabei

Chronik

4. November 2008
Barack Obama wird zum 44. Präsidenten der USA gewählt.

11. März 2009
Bei einem Amoklauf an einer Realschule in Winnenden erschießt ein 17-Jähriger 15 Menschen und sich selbst.

April 2009
In Deutschland bricht die Schweinegrippe aus, an der über 200 000 Menschen erkranken und 250 sterben.

12. Januar 2010
Bei einem schweren Erdbeben in Haiti sterben 220 000 Menschen und 1,3 Millionen Menschen werden obdachlos.

10. April 2010
Bei einem Flugzeugabsturz in Smolensk sterben der polnische Präsident Lech Kaczyúski, polnische Politiker sowie Würdenträger und Militärs.

20. April 2010
Durch eine Explosion auf einer Bohrinsel im Golf von Mexiko sinkt diese und es kommt zur Ölpest.

29. Mai 2010
Lena Meyer-Landrut gewinnt den Eurovision Song Contest in Oslo mit „Satellite".

31. Mai 2010
Horst Köhler erklärt seinen sofortigen Rücktritt vom Bundespräsidentenamt. Sein Nachfolger wird Christian Wulff.

24. Juli 2010
Bei der Loveparade in Duisburg kommen 21 Menschen ums Leben, 511 Teilnehmer werden zum Teil schwer verletzt.

12.-14. März 2011
Schwere Erdbeben in Japan zerstören u. a. die Kernkraftwerke in Fukushima.

29. April 2011
Trauung von Prinz William und Catherine Middleton.

2. Mai 2011
Osama bin Laden wird von einer Einheit von US-Spezialtruppen getötet.

13. Januar 2012
Das Kreuzfahrtschiff Costa Concordia sinkt vor der Insel Giglio, 32 Menschen sterben.

Wir hörten nicht nur Musik, wir musizierten auch selber.

sein und waren begeistert, als die ersten Smartphones auf den Markt kamen. Auf die Fragen „Ein Handy? In deinem Alter schon? Wozu brauchst du das denn?" hatten wir schnell plausible Antworten gefunden und konnten unsere Eltern meistens davon überzeugen, dass es ein absolutes Muss in unserem Alter war. Auch eine Erklärung für den Besitz eines eigenen Laptops war rasch gefunden, schließlich wurde das in der Schule inzwischen vorausgesetzt. Manchmal hinkten unsere Eltern mit ihrem technischen Know-how ein bisschen hinterher und so erklärten wir ihnen, wie das Kaufen von Musik und der Download von Dateien funktionierte. Nebenbei ließen wir einfließen, dass wir schon in zahlreichen sozialen Netzwerken angemeldet waren und offenbarten unseren Beitritt bei Facebook und SchülerVZ. Diese Tatsache weckte den Beschützerinstinkt unserer

15. bis 18. Lebensjahr

Eltern und so fanden wir in den darauf folgenden Tagen, Wochen und Monaten verschiedene Zeitungsartikel zum Thema Sicherheit und Gefahren in den „social networks" auf unseren Schreibtischen vor. Mit mäßigem Interesse lasen wir die Artikel, nahmen sie uns dennoch zu Herzen, aber als unsere Eltern dann begannen, sich selbst anzumelden, fingen wir an zu rebellieren. Unsere Eltern bei Facebook, wie peinlich …

Konzert oder Tanzstunde?

Bald hieß es für viele von uns: „Willkommen auf dem Tanzparkett!" Welche Art des Tanzens wir wählten, hing von unseren Vorlieben für Musik und Tanzstil ab. Hip-Hop, Street Dance, Standardtänze, … alles war möglich und brachte Herausforderungen mit sich. Viele von uns wählten ganz klassisch einen Grundkurs im Standard-Tanzen – manchmal auch auf Wunsch der Eltern. Vor der ersten Tanzstunde arbeiteten unsere Kleinhirne auf Hochtouren. Wie würde wohl die Gruppe sein, was für eine Atmosphäre würde sich einstellen und wie wird die Partnerwahl ablaufen? In Deo- und Parfümwolken eingehüllt, machten wir uns auf den Weg in die Tanzschule. Kaugummi gegen schlechten Atem in den Mund und los ging es. Die bunt gemischte Gruppe,

die uns erwartete, war ebenso nervös und zurückhaltend wie wir. Die ersten Dämme und Berührungsängste waren aber schnell gebrochen und dann hieß es: Haltung annehmen und dem Tanzpartner bitte nicht auf die Füße treten, was für einige von uns schon eine Herausforderung der besonderen Art darstellte. Bis die Grundschritte erlernt waren, war es ein langer Weg. Blaue Zehen waren kein Einzelfall. Schnell hatten wir jedoch die Freude am Tanzen entdeckt und so übten wir weiter, lernten neue Figuren und Schrittfolgen, feilten an unserer Haltung und achteten stets darauf, alles richtig zu machen. Ehe wir es uns versahen, stand der Premierenball vor der Tür und wir verfielen wieder in unser nervöses Verhaltensmuster. Wir nahmen uns zwar vor, uns nicht vor unseren Eltern, den Eltern von Freunden und den anderen Gästen mit unseren noch etwas unbeholfenen Tanzbewegungen zu blamieren, doch eine Frage, die uns deutlich mehr beschäftigte war: „Was zieh ich bloß an?" Deshalb suchten die Mädchen wochenlang in intensiver Zusammenarbeit mit der besten Freundin in allen Läden der Stadt nach Kleidern, die möglichst niemand anderes hatte, sowie nach passenden Schuhen und Accessoires, während die Jungen die Geschäfte nach Anzügen abklapperten und darauf bedacht waren, die Krawatte farblich passend zum Kleid ihrer Partnerin zu wählen.

Als dann der große Tag gekommen war, wich auch schnell die Nervosität und wir erlebten zum ersten Mal eine „rauschende Ballnacht". Angesteckt vom Tanzfieber beschlossen einige von uns, dem Tanzen treu zu bleiben und verfolgten dies weiterhin in den Medaillenkursen.

Nicht nur unser musikalisches Gehör entwickelte sich weiter, sondern auch unser Bewusstsein über die Vielfältigkeit der Musikarten. Viele neue Bands und Sänger waren in die Charts gekommen, gaben Konzerte, machten Tourneen rund um die Welt, kamen in die Nähe unserer Heimatstädte, wenn nicht sogar in unsere Stadt. Die Karten waren schnell gekauft und dann ging es auch schon los. Ein Abend voller Musik, netter Menschen und in einer einzigartigen, berauschenden Stimmung, der sich niemand entziehen konnte, stand uns bevor. Zu „Pokerface" von Lady Gaga und „Gotta Feeling" von den Black Eyed

Peas tanzten wir wild, sangen bei Milows Single „Ayo Technology" lauthals mit und ließen uns bei den Rhythmen von David Guetta von der Menge treiben.

Nicht nur Konzerte prägten unser Abendprogramm, auch Discobesuche standen bald ganz oben auf unserer Liste für die nächtlichen Wochenendplanungen. Discobesuche waren zum Glück auch schon für uns Minderjährige möglich, unsere Eltern mussten nur den sogenannten „Mutti-Zettel" ausfüllen, damit wir den Club um 24.00 Uhr nicht schon wieder verlassen mussten. Da wir keine Lust hatten, als Erste die Tanzfläche zu stürmen, machten wir uns sowieso immer erst kurz vor Mitternacht auf den Weg in den nahe gelegenen Zappelschuppen. Vorher trafen wir uns, aßen die eine oder andere Kleinigkeit und tranken schon mal vor. Dieses „Vorglühen" bestand aus kleinen Hauspartys bei jemandem, der gerade sturmfrei hatte, und sorgte dafür, dass man sich im kleinen Kreis schon mal auf die Musik einstimmen konnte.

Die DJ's in den Diskotheken leisteten ganze Arbeit, sodass wir nur sehr ungern früher als die anderen die Clubs verließen, um den guten Willen unserer Eltern nicht überzustrapazieren. Das Einzige, was uns tröstete, war, dass es nicht mehr lange dauern würde, bis auch wir bis in die frühen Morgenstunden feiern gehen würden.

Michael Jackson bei einem Konzert 1996.

Die Legende vom King of Pop

Eine Tragödie erschütterte am 25. Juni 2009 die ganze Welt: der Tod Michael Jacksons, des King of Pop. Geboren wurde er am 29. August 1958 in Indiana als achtes von zehn Kindern eines Kranführers und einer Verkäuferin. Sein Interesse an der Musik wurde früh gefördert und von seinen Eltern unterstützt. Er war zweimal verheiratet, aus der zweiten Ehe gingen die zwei Kinder Prince Michael Jackson Jr. und Paris Michael Katherine Jackson hervor. Die Mutter seines dritten Kindes ist bis heute unbekannt. Aus gesundheitlichen Gründen ließ Michael Jackson seine Nase schon früh operieren, kosmetische Eingriffe im ganzen Gesicht kamen hinzu, sodass sich sein äußeres Erscheinungsbild im Laufe seines Lebens komplett veränderte. Verdächtigungen wegen Kindesmissbrauchs überschatteten seine glanzvolle Karriere. Er etablierte sich zu einem der erfolgreichsten Popmusiker seiner Zeit. Auch zahlreiche Preise erhielt der King of Pop. Mit seinen Songs „Bad"

und „Thriller" sang er sich in den Charts ganz nach oben und eroberte die Herzen seiner Fans im Sturm. Für seinen Song „Ben" wurde er für den Oscar nominiert, im „Guiness-Buch der Rekorde" ist er unter dem Eintrag „erfolgreichster Unterhaltungskünstler aller Zeiten" zu finden, der Film „Michael Jackson's – This Is It" wurde zum besten Konzertfilm gekürt. Besonderen Erinnerungswert haben außerdem Michael Jacksons mit Bergkristall besetzter weißer Handschuh und sein „Moonwalk", der ursprünglich aus der Tanzrichtung „Mambo-Dance" kommt und nun zu den „Signature Moves" Jacksons zählt. Der King of Pop starb im Alter von 50 Jahren an einer Vergiftung durch das Narkosemittel Propofol. Sein Leibarzt Conrad Murray wurde wegen fahrlässiger Tötung verurteilt. Doch auch nach seinem Tod lebt Jackson weiter. Es wurden weitere drei posthume Alben veröffentlicht, deren Songs teilweise neu vertont wurden.

Unser politisches Bewusstsein wurde durch einen Aufenthalt vor Ort gestärkt – Berlin.

Schulbank oder Berufsleben?

Zehn Jahre unserer bisherigen Schullaufbahn waren nun vorüber und eine zentrale Frage, die für unser weiteres Leben eine wichtige Rolle spielte, stellte sich uns: Gehen wir weiter zur Schule oder beginnen wir eine Ausbildung? Auf welche Schule gehen wir, wenn wir weiter die Schulbank drücken wollten? Welche Ausbildung beginnen wir und wo? Wie wollen wir später leben und in welchem Berufsfeld wollen wir tätig sein? Entscheidungen, die jeder für sich treffen musste. Auf Seminaren, die von der Schule organisiert wurden, lernten wir, unsere Stärken und Schwächen besser einschätzen zu können, und erhielten einen Einblick in die große weite Welt der Berufe. Bewerbungstrainings und Berufsberatungsgespräche gehörten ebenso dazu wie ausführliche Gespräche mit unseren Eltern, Lehrern und Freunden. Da hatten es diejenigen unter uns, die einfach auf ihrer Schule blieben, um Abitur zu machen, noch am einfachsten.

Andere entschieden sich, den Weg zu einer Ausbildung einzuschlagen. Auch dieses Auswahlgebiet war breit gefächert. Lieber Krankenschwester oder Landschaftsgärtner? Lieber Kfz-Mechatronikerin oder Koch? Oder doch vielleicht Industriekaufmann/-frau? Vielen von uns half das Betriebspraktikum, welches in der Mittelstufe vorgesehen war. Und als wir dann unser Zehner-Abschlusszeugnis in den Händen hielten, war uns bewusst, dass es jetzt ins

Arbeitsleben ging. Was uns erwartete, wussten wir nicht. Erst mal machten wir uns ans Bewerben. Eine schwierige Angelegenheit, Lebensläufe mussten erstellt, Mappen gekauft, Fotos gemacht und Firmen angeschrieben werden. Nach einiger Wartezeit trudelten dann auch Absagen und Einladungen zu Bewerbungsgesprächen ein. Die Vorstellungsgespräche waren die nächste große Hürde, die wir nehmen mussten, um einen Ausbildungsplatz zu ergattern, der unseren Wünschen und Vorstellungen entsprach. Eine große Herausforderung war nach Vertragsabschluss für uns der Spagat zwischen Berufsschule und praktischer Arbeit sowie teilweise noch der Auszug aus dem elterlichen Haus.

Für alle, die als nächstes großes Ziel das Abitur vor Augen hatten, hieß es: drei Jahre Oberstufe. Dicke Bücher wurden gekauft und durchgearbeitet, neue Lernmethoden und selbstständiges Lernen erprobt. Die „Bringschuld", die uns in der ganzen Zeit begleitete, erwies sich als absolutes Neuland. Wir mussten unsere Beiträge völlig aus eigenem Antrieb leisten und wurden von unseren Lehrern nicht mehr wie früher – ohne zu fragen – drangenommen, sondern mussten selbst entscheiden wann, wie und wo wir sie mit unseren Leistungen überzeugen konnten. Referate nahmen an Bedeutung zu, unsere Nervosität schwand von Mal zu Mal und unsere kommunikativen Fähigkeiten entwickelten sich weiter.

Soziales Engagement gehörte für viele von uns schon dazu.

Es mussten Höhen und Tiefen
überwunden werden.

Durchsichtige Verbindungen

Unser Interesse galt natürlich nicht nur der Ausbildung oder der Schule. Wir
hatten ja auch noch ein Privatleben, auch wenn es zeitlich mittlerweile sehr
begrenzt war. Freunde und auch unsere Hobbys durften in keinem Fall ver-
nachlässigt werden. Um mit unseren Freunden in Kontakt zu bleiben, nutzten
wir täglich unsere Handys und diverse Chat-Rooms und Netzwerke. Jeder war
so irgendwie mit jedem vernetzt.

Doch das Internet war nicht nur für die Verständigung gut. Wir lernten
nebenbei auch noch eine weitere Sprache: Schreiben in Kürzeln und Zeichen.
Ein Smiley am Ende eines Satzes wurde zur Normalität, mehrere Kürzel erzähl-
ten unserem Gesprächspartner kurz, knapp und präzise, was wir von ihm
wollten. Auch mit Urlaubsbekanntschaften oder Austauschschülern, die
eventuell kein Deutsch konnten, war die Kommunikation wesentlich einfacher,
weil die neue „Sprache" zum Großteil auf der englischen Sprache basierte.
Schnell bauten wir diese Form der Jugendsprache in unsere alltäglichen
Gespräche ein, hinterließen auf Briefen den Zusatz „hdgdl" anstatt der veralte-
ten Form „Mit lieben Grüßen", sehr zum Missfallen unserer Lehrer. Die waren

immer darauf bedacht, unseren intellektuellen Horizont mit Fremdworten zu erweitern, was sich für uns nach philosophischem „Geschwafel" anhörte. Da unsere Freundeskreise interkulturell waren, übernahmen wir auch Redewendungen aus anderen Kulturkreisen, ließen uns auf Experimente mit dem deutschen Satzbau ein und verliehen unseren Aussagen mit den Worten „hammer", „boa krass" und anderen „Kraftausdrücken" Nachdruck. Unsere Eltern ermahnten uns, das in der Schule vermittelte „Deutsch" zu pflegen und uns gewählt auszudrücken, um einen besseren Eindruck beim Gesprächspartner zu hinterlassen, und so waren wir gezwungen, die gelernte Sprache „Deutsch" von der Umgangssprache deutlich zu trennen.

Eurovision Song Contest 2010

Beim 55. Eurovision Song Contest gewann nach 28 Jahren („Ein bisschen Frieden" von Nicole) zum zweiten Mal eine deutsche Interpretin den Wettbewerb. Die Veranstaltung wurde vom Vorjahressieger Norwegen unter dem Motto „Share the moment" vom 25. bis 29. Mai 2010 in der Telenor Arena in Oslo ausgetragen. Das Zuschauerinteresse am Song Contest war bis dahin in Deutschland noch nie so groß gewesen. Die erst 19-jährige deutsche Sängerin Lena Meyer-Landrut überzeugte mit dem Lied „Satellite" von der US-amerikanischen Songwriterin Julie Forst und dem dänischen Komponisten John Gordon das Publikum und die Jury und gewann den Wettbewerb. Sie hatte sich zuvor bei Stefan Raabs Castingshow „Unser Star für Oslo" mit zahlreichen Songs, u. a. „My Same" von Adele, „Diamond Dave" von The Bird and the Bee, „Foundations" von Kate Nash und „The Lovecats" von The Cure gegen ihre deutsche Konkurrenz durchgesetzt. So stammte auch die Idee,

Lena Meyer-Landrut siegt beim Eurovision Song Contest in Oslo.

Lena als Titelverteidigerin beim Song Contest 2011 in Düsseldorf antreten zu lassen, von Stefan Raab. Dort belegte sie mit dem Titel „Taken by a Stranger" Platz zehn.

Schwierige Situationen
schweißten uns zusammen.

Freundschaft und
große Gefühle

Mit dem Ende der Pubertät begann bei uns mehr zu wachsen als nur Verant-
wortungsvermögen und Selbstbewusstsein. Auf einmal nahmen wir Gefühle
wahr, die wir vorher in der Art niemals gehabt oder beachtet hatten. So knüpf-
ten wir erste zarte Bande, und deshalb ließ bei vielen von uns die erste ernst-
hafte Beziehung auch nicht lange auf sich warten – manchmal überraschend,
manchmal vorhersehbar. Der erste Kuss war für uns ein wichtiges Erlebnis,
das wir niemals vergessen werden und das uns außerdem auch sehr prägte.
Er war wie eine Art Grundsteinlegung für unser zukünftiges Erwachsenenleben.
Neben den Schmetterlingen im Bauch erfüllte uns die erste Liebe auch mit
Stolz, egal, wie lang die Beziehung überhaupt hielt.

   Trotz großer Gefühle und utopisch hoher Handyrechnungen durften wir
unsere guten „normalen" Freunde nicht außer Acht lassen. Denn wenn eine
Beziehung in die Brüche ging – was durchaus häufiger vorkam, als einem lieb
war – dann waren gute Freunde, die hinter einem standen, Gold wert. Diese
hatten in weiser Voraussicht bereits die Taschentücher-Großpackungen des
Drogeriemarktes und die Schokoladenvorräte des Supermarktes erstanden,

Unsere Stimmung
schwankte zwischen
völlig aufgekratzt und
melancholisch.

sodass einem Abend voller Tränen und schnulzigen Filmen nix mehr im Weg stand. So fanden wir, wenn auch nicht mehr auf Wolke 7, wieder ins alltägliche Leben zurück und konnten die rosarote Brille abnehmen, ohne unsere Umwelt als dunkel und trist wahrzunehmen.

Um modisch up-to-date zu sein, mussten wir uns was dazuverdienen.

Nebenjobs und andere Kleinigkeiten

Ein großes Thema war für uns Jugendliche das Geld. Wir bekamen zwar reichlich Taschengeld, doch die Möglichkeiten, es auszugeben, waren unbegrenzt: Klamotten, CDs, Bücher, Ausgehen … Also blieb uns kaum etwas anderes übrig, als zu jobben. Nachhilfe in verschiedenen Fächern war eine sichere Einnahmequelle, denn kompetente Nachhilfelehrer und -lehrerinnen waren immer gefragt. In Restaurants oder Cafés aushelfen, Zeitungen austragen oder vielleicht mal für eine Zeitung einen Artikel schreiben – es fand sich immer eine Möglichkeit, an Geld zu kommen, auch wenn wir dafür manchmal unsere Eltern zurate ziehen mussten. Auch Ferienjobs waren beliebt, dann konnte man in kurzer Zeit die Kassen füllen. Leichter hatten es die Auszubildenden unter uns, sie verdienten ihr eigenes Geld, und wenn sie noch daheim wohnten, ließ sich damit gut auskommen. Aber egal ob Schüler oder Azubi – mit dem Geld umzugehen mussten wir alle lernen.

„Heeeeeey, ab in den Süden !"

Sommer, Sonne, Strand und Meer

Unsere Ferien oder Urlaube verbrachten wir jetzt nicht mehr mit den Eltern, sondern immer häufiger mit Freunden, z. B. auf Mallorca, in Italien oder in Spanien. Ein Hotel oder eine Ferienwohnung wurde gebucht und es konnte losgehen. Natürlich war für einen Urlaub im warmen Süden auch das richtige Outfit entscheidend – und natürlich auch die passende Strandfigur. Manche von uns gingen deshalb ins Fitnessstudio oder trieben anderen Sport, um ihre schlanke Linie zu erhalten.

Im Urlaub waren wir all unsere Sorgen los und auch unseren Eltern fern und konnten uns einfach mal fallen lassen und die Ruhe genießen, Dinge mit Freunden machen und die Seele baumeln lassen. Außerdem lernten wir im Ausland neue Sprachen und andere Menschen kennen, was jetzt umso faszinierender für uns war, weil wir sie zum ersten Mal richtig verstanden.

So ganz nebenbei schauten diejenigen von uns, die noch zur Schule gingen, sich nach Studiengelegenheiten oder Jobs um, wenn sie nicht in Deutschland bleiben wollten.

Badespaß pur.

Tod im Jugendzeltlager

Am 22. Juli 2011 erschütterten zwei Anschläge Norwegen und die Welt. Bei einem Bombenattentat im Osloer Regierungsviertel kamen acht Menschen ums Leben. Zwei Stunden später mussten 68 Kinder, Jugendliche und Erwachsene auf der Insel Utoya ihr Leben lassen. Die Grausamkeit dieser Attentate war unfassbar, die ganze Welt war erschüttert. Die Jugendlichen, die sich auf einem Zeltlager der Jugendorganisation der sozialdemokratischen Arbeiterpartei, Arbeidernes Ungdomsfylking, befanden, mussten mit ansehen, wie Freunde erschossen wurden, andere vor Angst ins Wasser sprangen und ertranken. Es war die Tat eines einzigen Mannes: Anders Behring Breivik. Er kam als Polizist verkleidet auf die Insel, warnte vor einem Terroranschlag und versprach scheinheilig, die Menschen zu schützen. Dann eröffnete er das Feuer, es dauerte 90 Minuten lang. Fragen blieben bei uns in den Köpfen, die kürzeste und wohl nie zu klärende Frage ist: Warum? Zuvor hatte Breivik ein 1500 Seiten langes Pamphlet veröffentlicht, in dem er seine Taten zu rechtfertigen versuchte. Fassungslosigkeit und Entsetzen waren weltweit zu spüren.

Erste Versuche im Auto.

Erste Fahrversuche

Da es uns mittlerweile erlaubt war, einen Führerschein bereits mit 16 zu machen, zögerten wir nicht lange und meldeten uns bei den Fahrschulen an.

Die Theoriestunden waren relativ unspektakulär, auch wenn wir einiges Neues lernten, was ausnahmslos wichtig sein würde. Wir hatten aber auch unseren Spaß dabei, denn schließlich sorgten unsere Fahrlehrer dafür, dass wir nicht nur stumpf dasaßen und zuhörten, sondern uns am Unterricht beteiligten. Die Theorieprüfung war in der Regel schnell bestanden.

Als jedoch die erste richtige Fahrstunde anstand, waren wir trotz unserer bisherigen Erfahrungen ganz schön nervös. Im Auto sitzen und „Herr über ein Fahrzeug sein" war für uns etwas komplett Neues. Beim Autofahren bauten wir unsere Multitasking-Fähigkeiten aus. Schließlich muss das Fahren, das Blinken, das Gucken, das Wahrnehmen des restlichen Straßenverkehrs alles innerhalb von Sekunden und parallel geschehen. Dabei lernten wir zusätzlich noch in Gefahrensituationen, ob sie nun gestellt waren oder nicht, rechtzeitig und richtig zu reagieren, um uns und die anderen Verkehrsteilnehmer zu schützen.

Die „Sonderfahrten" waren ein Erlebnis für sich: auf der Autobahn, über Landstraßen und in der Nacht fahren oder alles zusammen. Die Fahrt auf der Autobahn machte besonders viel Spaß: Gas geben und einfach mal mit Tempo 130 Lkws überholen, war ein ganz neues Gefühl für uns. Schwierig wurde es wieder im Stadtverkehr: Geschwindigkeit halten und nicht zu schnell werden. Denn das konnte bei einer Prüfung das Ende bedeuten. Und der Prüfungstermin kam schneller, als man dachte. Neben dem Fahrlehrer eine unbekannte Person im Auto sitzen zu haben, die die Navigationsanweisungen von der Rückbank erteilte, war irritierend. Trotzdem schafften die meisten von uns die praktische Prüfung beim ersten Mal und wenn nicht, dann wurde sie eben zähneknirschend noch einmal gemacht. Den Führerschein wollte man schließlich haben.

Echt cool, die Open-Air-Party …

Abi und wie weiter?

Endlich hatten diejenigen von uns, die noch die Schulbank drückten, die Zeit des Abiturs erreicht. Das Abi-Motto war bestimmt, das Kleid und der Anzug für den Abi-Ball gekauft. Wir liefen verkleidet durch die Schule, hatten die Zahlen der verbleibenden Schultage mit Kajal auf die Wange geschrieben und feierten schon insgeheim unseren Abschluss. Wenn da nicht noch diese lästigen Prüfungen gewesen wären. Diese wurden mittlerweile zentral gestellt und die Ergebnisse von mindestens zwei unabhängigen Prüfern kontrolliert und bewertet. Doch auf diese Situation waren wir gut vorbereitet worden, und wer es trotzdem nicht schaffte, konnte die Klasse problemlos wiederholen. Für uns Abiturienten stellte sich dann allerdings die Frage, wie schon zuvor für die, die eine Ausbildung vorgezogen hatten, welches Themengebiet einen am meisten interessierte und was man in seinem Leben erreichen wollte. Zu diesem Thema gab es ganze Bücher und unsere Eltern und andere Verwandte standen uns mit Rat und Tat zur Seite. Tests im Internet, Einschätzungen von Freunden, Praktika und persönliche Interessen förderten unsere Entscheidungsfindung. Und wer nicht vorhatte, gleich zum Wintersemester in der Uni zu sitzen, machte ein Freiwilliges Soziales Jahr im Ausland, nahm am Programm „Work and Travel" teil oder jobbte erst mal, um sich einen besseren Start in ein eigenes selbstständiges Leben zu ermöglichen. Auf jeden Fall wurde es für niemanden von uns langweilig, es gab immer noch so viel Neues zu entdecken.

Leinen los! Auf ein Neues …